FREESTYLE

FREESTYLE

TIM STREET-PORTER

Das Neue Design für Architektur und Inneneinrichtung aus Kalifornien

Mit einer Einführung von Pilar Viladas und einem Nachwort von Paul Goldberger

DuMont Buchverlag
Köln

Der Autor und die Herausgeber danken *House & Garden* für die Unterstützung und die Druckerlaubnis der nachfolgend genannten Fotos von Tim Street-Porter:
Seite 63, 199 © Condé Nast Publications Inc., *House & Garden* September 1980; Seite 70 (links, unten rechts), 96, 97, 98, 99, 198, 200, 201, © Condé Nast Publications Inc., *House & Garden* Februar 1982; Seite 110 (unten links), 111, 113, 115 © Condé Nast Publications Inc., *House & Garden* Februar 1984; Seite 219, 220, 221 © Condé Nast Publications Inc., *House & Garden* März 1985; Seite 152, 155 (unten rechts), 157, 161, 208, 209, 212–213, 214 © Condé Nast Publications Inc., *House & Garden* April 1986.

Umschlagvorderseite: Das Shire-Haus
Frontispiz: Innenansicht des von Brian Murphy gestalteten Santa-Monica-Hauses
Umschlagrückseite: Blick in den Wohnraum des Santa-Monica-Hauses

CIP-Titelaufnahme der Deutschen Bibliothek

Freestyle: Das Neue Design für Architektur und Inneneinrichtung aus Kalifornien / Tim Street-Porter. Mit e. Einf. von Pilar Viladas u. e. Nachw. von Paul Goldberger. –
Köln: DuMont, 1990
Einheitssacht. Freestyle ‹dt.›
ISBN 3-7701-2440-5
NE: Street-Porter, Tim [Ill.]; Viladas, Pilar [Mitarb.]; EST

Die Originalausgabe ist unter dem Titel »Freestyle. The New Architecture and Interior Design from Los Angeles« bei Stewart, Tarbori & Chang, New York, erschienen.
Übersetzt aus dem Amerikanischen von Susanne Tschirner

Satz: Fotosatz Froitzheim, Bonn
Druck und buchbinderische Verarbeitung: Toppan, Tokio
Printed in Japan

ISBN 3-7701-2440-5

INHALT

Der Art Nouveau-Eingang der O'Neill-Villa in Beverly Hills.

ERSTER TEIL

DAS ERBE

Los Angeles ist eine Stadt der Widersprüche. In den frühen Glanz eines allgegenwärtigen Silberlichts getaucht, verschwimmen Konturen vor dem Auge in bleicher Perfektion, um dann im Zenit einer beinahe grausamen Helligkeit in unbestechlicher Schärfe hervorzutreten. An klaren Tagen umfaßt ein einziger Blick das Panorama sonnengebleichter Strände und schneebedeckter Berggipfel. Dort wachsen Palmen neben Kiefern, und der betäubende Duft von Jasmin- und Orangenblüten läßt abends die bleierne Smogdecke wieder vergessen, die noch zur heißen Mittagsstunde die Stadt erdrückte. Brände in den Trockenperioden und Schlammlawinen in der Regenzeit suchen die steilabfallenden Canyons heim, doch die Menschen lassen sich dadurch nicht davon abhalten, die Klippen mit Häusern zu säumen, die in gefährlicher Höhe auf ihren Stützpfählen zu balancieren scheinen. Nach Wochen mildesten Wetters fegen dann plötzlich die Santa-Ana-Winde über das Land, gefolgt von wolkenbruchartigen Regengüssen nach dürrer Trockenheit.

An der Küste des großen Pazifischen Ozeans gelegen, markiert Los Angeles Amerikas Grenze im 20. Jahrhundert. Die heutige Metropole verdankt ihre Entstehung künstlichen Bewässerungsanlagen. Pioniere verlegten die ersten Eisenbahntrassen und gründeten eine Stadt, die auch noch heute die Pioniere unserer Tage anzieht. Der hier blühende Optimismus, aber auch der krasse Materialismus und die unbedingte Abhängigkeit vom Automobil entsprechen zutiefst amerikanischen Lebenshaltungen, doch hat Los Angeles auch die stolze Erinnerung an seine Ursprünge aus dem spanischen Kolonialismus nicht vergessen, ja ist sich zudem seiner relativen Nähe zum Fernen Osten bewußt, was sich beides in der bunten ethnischen Mischung seiner Einwohnerschaft widerspiegelt. Die sonnengebleichte Landschaft und das unmittelbare Nebeneinander von genußfreudigem Luxus und alarmierendem Elend wurden Gestalt in den Werken von Schriftstellern wie Nathanael West, Raymond Chandler und Joan Didion und inspirierten die Werke bildender Künstler wie Ed Ruschas rätselhaft verschlüsselte »Wort«-Bilder oder David Hockneys Swimming-pools und Palmen, die die Ikonographie der südkalifornischen Kunst in prägender Weise beeinflußt haben. Millionen von Menschen sahen hier ihren verheißungsvollen Traum der unbegrenzten Möglichkeiten verkörpert – »California, Here I Come«. Die Legende machte Los Angeles zu einer Stadt, in der Phantasie und Wirklichkeit oft nicht so genau zu unterscheiden sind. Der Mythos nährt sich von der Geschichte der Traumstadt, die ihre Saga den beiden größten hier ansässigen Industrien verdankt, dem Film und der Raumfahrt, die beide ihre jeweils eigenen Goldminen zur Traumproduktion besitzen – den Traum vom Flug ins Weltall und den Traum vom Flug der Phantasie.

So ist es nicht weiter verwunderlich, daß gerade Los Angeles für seine Fantasy-Architektur berühmt werden sollte: Bausteine einer ganz vom Menschen gestalteten Umwelt, die erst im Laufe unseres Jahrhunderts emporgewachsen ist. Diese Stilrichtung erfuhr ihre Blütezeit in den 30er und 40er Jahren und brachte so bemerkenswerte Konstruktionen wie das ›Hexenhaus‹ in Beverly Hills hervor, den Wohnkomplex des dänischen ›Dorfes‹ oder den ›Doughnut-Stand‹, der

– wie der Name verheißt – von einem gigantischen »Doughnut« (Schmalzring) bekrönt wird. Seinen Höhepunkt erlebte der Baustil dann in den 50er Jahren in der Geburt eines ganzen Königreichs an Fantasy-Architektur: Disneyland. (Sogar heute noch werden vereinzelt Häuser dieser Stilrichtung gebaut, das Haus der O'Neills in Beverly Hills ist eine extravagante und bis ins kleinste Detail stilgerechte Huldigung an die Art Nouveau.) Doch bevor diese ›Etüden in Kitsch‹ vollends mit der Atmosphäre des so tyischen ›laissez faire‹ Südkaliforniens gleichgesetzt wurden, machten die Pioniere moderner Architektur aus Europa und Amerika eine erstaunliche Entdekkung: Dieselbe Gesellschaft, die – ohne mit der Wimper zu zucken – ein Haus akzeptierte, das die Form eines Schiffs aufwies, war es, die nunmehr auch ernsthafte Innovationen in der Architektur tolerierte, ja sogar ermutigte. Die Verheißung ewig neuer Aufbrüche und unbegrenzter Möglichkeiten besaß für jene Architekten, deren Ideen und Experimente vielleicht an keinem anderen Ort der Erde eine solche Unterstützung erfahren hätten, noch dieselbe Anziehungskraft wie für jene Pioniere, die 100 Jahre zuvor nach Los Angeles gekommen waren. Unbehindert von zählebigen Traditionen oder Vorurteilen, haben mehrere aufeinanderfolgende Generationen von Architekten des 20. Jahrhunderts ihre Spuren in Los Angeles hinterlassen, haben die wohl vielfältigste Wohnarchitektur-Landschaft geschaffen, die in den Vereinigten Staaten existiert, und die Stadt zu einem wahren Laboratorium für innovatives Design gemacht.

Experimentelle Wohnarchitektur gab es in Los Angeles schon früh zu Beginn dieses Jahrhunderts: Charles Sumner Greene und sein Bruder, Henry Mather Greene, halfen, ein neues Genre amerikanischer Wohnarchitektur zu etablieren, das man gemeinhin als den ›Kalifornischen Bungalow‹ bezeichnet; das geschah durch den Bau einiger Häuser im benachbarten Pasadena, darunter die Villa der Gambles. Mit dieser Stilrichtung entstand ein Mischgebilde aus dem Bungalowtyp hölzerner Bauart, der für das feuchtheiße Klima Indiens entwickelt worden war, und dem amerikanischen ›Shingle-and-Stick‹-Bautyp des ausgehenden 19. Jahrhunderts. Der höchst eigenwillige Stil von Greene und Greene brachte Häuser mit niedrigen, überhängenden Schrägdächern und schattigen, tief zurückliegenden Veranden hervor, die zum Sitzen und zum Schlafen wie geschaffen waren. Darin drückte sich einerseits die Vorliebe der Region für ›gesundes Wohnen‹ aus, gleichzeitig aber wurde hier schon jene Tendenz moderner Architektur vorweggenommen, die darauf abzielt, die Außenwelt in die Wohnwelt gleichsam ›hereinzuholen‹. Ihr Inneres offenbart die Häuser als echte Meisterstücke handwerklichen Könnens; hier verschmelzen Kunst, Kunsthandwerk und eine japanisch anmutende Feinsinnigkeit in den gediegen ausgeführten Holzarbeiten, den Fenstern aus Tiffany-Glas und der hellen, schwerelosen Innenausstattung. Während andere Architekten den Stil des ›Kalifornischen Bungalows‹ im ganzen Land populär machten, bleiben die Schöpfungen von Greene und Greene perfektester Ausdruck und Höhepunkt dieses Architekturstils. Als sensible Antwort auf den Zeitgeist am richtigen Ort und zur richtigen Stunde wurde mit den Pasadena-Bungalows ein entscheidendes Kapitel in der Geschichte der amerikanischen Wohnarchitektur aufgeschlagen.

Während aber die Brüder Greene ihre eklektizistischen Holzhäuser bauten, verstand es Irving Gill auf noch direktere Weise, der modernen Architektur den Weg zu bahnen. In seinen Gebäuden haben sich die Formen der spanischen Kolonialarchitektur – Luftziegel, niedrige Bögen, Innenhöfe und Loggien – mit den kubischen Baukörpern jener rigoros auf jeglichen Dekor verzichtenden Gebäude vermischt, die zu eben dieser Zeit in den Städten Europas aufkamen und die den internationalen Architekturstil initiieren sollten, den wir heute kennen.

Als in den 20er Jahren dieses Jahrhunderts die Welle der Begeisterung für die in Europa geborene Architektur der Art deco über das Land (Los Angeles eingeschlossen) wogte, landete auch schon eine zweite Welle von Pionieren an der Westküste, die ganz andere Ideen mitbrachten. Nachdem einer von ihnen, Frank Lloyd Wright, sein lukratives Architekturbüro mitsamt dessen großer Familie in Oak Park, Illinois, zurückgelassen hatte, kam er auf dem Umweg über Japan in Los Angeles an. Wright suchte nach einer neuen Umgebung und nach neuen architektonischen Formen, die dieser Umgebung angemessen sein könnten. Sein berühmtester Entwurf in Los Angeles, Aline Barnsdalls Hollyhock-Haus, spiegelt seine Vorliebe für die dramatischen Blockformen der Maya-Architektur wider: Die ausufernde Horizontalität dieses Gebäudes legt beredtes Zeugnis von Wrights Streben ab, die Architektur für Sonne und Wind zu öffnen; ein Luxus, den er sich im extremen Klima des Mittelwestens nicht hatte erlauben können. Hier in Los Angeles experimentierte Wright auch erstmalig mit der Konstruktionsweise des ›Textil-Blocks‹, – einem System von vorgegossenen Betonblöcken, die mit Stahldrähten gleichsam ›zusammengenäht‹ waren – von dem er sich eine Wohnhausproduktion mit gutem Design zu erschwinglichen Preisen versprach. Auch wenn dem Experiment ein nur mäßiger Erfolg beschieden war, so entstanden doch vier Wohnhäuser in und um Los Angeles: Die Häuser von Millard, Storer, Ennis und Freeman. Ihre dramatischen Formen, in denen Einflüsse aus der Architektur Japans und der Mayas mit Wrights eigenem ›Prärieschulen-Typus‹ vom Beginn des Jahrhunderts eine gelungene Synthese eingegangen waren, machten diese Häuser gleichermaßen zu soliden Schutzbauten wie auch zu kühlen, luftigen Pavillons, die so errichtet wurden, daß sie das Tageslicht und die kühlen Brisen optimal ausnutzen konnten. Zur selben Zeit eröffnete auch Wrights Sohn Lloyd ein Architekturbüro in Los Angeles, wo er Häuser entwarf, die sogar noch theatralischer als diejenigen seines Vaters waren, wie beispielsweise das Sowden-Haus in Hollywood.

Ebenfalls in den 20er Jahren kamen nun die Wiener Architekten R. M. Schindler und Richard Neutra nach Los Angeles und begannen mit dem Bau von Häusern, die denjenigen Wrights an Radikalität in nichts nachstanden; dies zeigt sich in der Art, wie sie die Prinzipien der europäischen Modernisten interpretierten und wie sie die Grenzen zwischen Außen-und Innenraum verwischten; so in Schindlers Strandhaus für die Lovells sowie in Neutras ›Health-House‹, das ebenfalls im Auftrag der Lovells entstand. Unter Benutzung ganz einfacher Materialien wie Beton, Holz, Putz und vorgefertigten Stahlfenstern entwickelten Schindler und Neutra einen architektonischen Stil,

Die tropische Umgebung dieses Hollywood-Hauses aus den 20er Jahren scheint seinen Pseudo-Normandie-Stil Lügen zu strafen.

der sich durch ineinander verschachtelte Räume, transparente Ecklösungen und die Betonung der Horizontalen auszeichnet – gestaltet nach dem Vorbild der Prärie-Häuser Frank Lloyd Wrights. Dieser Stil ist dann später mit Südkalifornien überhaupt identifiziert worden und hat nicht zuletzt den Weg für solche Experimente wie das Case-Studien-Programm in den 40er und 50er Jahren bereitet.

In den Jahren während und nach dem Zweiten Weltkrieg waren Rüstungs- und Flugzeugindustrie, die einen ungeheuren Boom erlebten, verantwortlich für die Entwicklung neuer Technologien, die dann ihrerseits die Architektur der Region nachhaltig beeinflußten. Man wandte neue Materialien und neue Konstruktionsmethoden an, um den steigenden Nachkriegsbedarf nach preisgünstigen, aber dennoch formschönen Häusern zu befriedigen. Das Case-Studien-Programm, das von dem Herausgeber des Magazins *Arts & Architecture,* John O. Entenza, organisiert worden war, brachte eine Gruppe von Meistern des modernen Stils zusammen, unter anderem Neutra, J. R. Davidson, Rafael Soriano, Pierre Koenig, Craig Ellwood und Charles Eames. Sie alle hatten den Auftrag, Häuser zu entwerfen, die den neuen gesellschaftlichen Phänomenen wie kleineren Familien, beschränktem Hauspersonal und himmelstürmenden Grundstückspreisen Rechnung tragen mußten. Gefragt waren kleine Häuser mit einfachem Grundriß, die sich leicht bewirtschaften ließen. Sie bestanden aus leichtgewichtigen Baumaterialien und großen Glasfronten. Obwohl dieser Typ heute nicht mehr gebaut werden kann – die kalifornischen Energiegesetze beschränken den Anteil von Glas an Neubauten –, lieferten die Häuser des Case-Studien-Programms doch einen wichtigen Beitrag zur Architektur dieser Zeit, ja zur Geschichte der Wohnarchitektur in Amerika überhaupt. So wie die Bungalows vor gut einem halben Jahrhundert wurden nun diese Häuser zum Inbegriff südkalifornischer Wohnkultur. Auch wenn ihr Einfluß auf den Massen-Baumarkt nicht so überraschend war wie der eines anderen kalifornischen Architekten – die Rede ist hier von Cliff May, dessen ›Ranch‹ noch heute in einem der häufigsten Haustypen von ganz Amerika weiterlebt –, so gelang Entenza und den Architekten des Case-Studien-Programms doch der kohärenteste Versuch, neue Strukturen in der Nachkriegsarchitektur zu entwickeln.

Die Nachkriegsära produzierte darüber hinaus einen Boom an industriellem Design und schuf eine unverwechselbare, dem Zeitalter des Flugzeugs angemessene Bildersprache, deren Spannbreite vom Sublimen (Charles und Ray Eames' Preßspan-Möbel) bis zum Aberwitzigen reicht. In Los Angeles existieren noch heute viele gut erhaltene oder doch gut restaurierte Häuser aus den 50er Jahren wie etwa das Erenberg-Haus.

Auf die technologischen Entwicklungen der 50er und 60er Jahre folgte die elektronische Revolution der 70er und 80er Jahre, die eine vollkommen neue Palette nicht leicht zu fassender Herausforderungen für die Architekten von Los Angeles bot. Der Pioniergeist brachte nun keine technologischen Neuheiten mehr hervor, die in entsprechende Baumaterialien überführt werden konnten; statt dessen herrschten nun der Mikrochip und die Optik der Fiberglasfaser. In dem Maße, wie die neue Technologie immer ungreifbarer wurde, brachte die Revolution in der elektronischen Kommunikation – mit Film, Fernsehen, Video – ihre eigene Ästhetik in unsere Kultur ein. Film, Fernsehen und Video beeinflußten nicht nur die Architektur, sondern auch nachhaltig die bildende Kunst und das graphische Design. Diese Entwicklung fiel zeitlich mit einem wachsenden und bedeutsamen Widerstand gegen die Prinzipien modernistischer Architektur zusammen, die das Gesicht der amerikanischen Städte in der Nachkriegszeit geprägt hatten. Skepsis gegenüber jenen Klötzen aus Glas und Beton, die überall wie Pilze aus dem Boden geschossen waren, breitete sich nun auch in der Zunft der Baumeister in wachsendem Maße aus. Selbst in Los Angeles, wo man erst relativ spät den allmählich knapperen Raum in den Geschäftsvierteln mit Wolkenkratzern zubaute, rebellierten nun die Architekten gegen diesen Stil, der Gebäude vorschrieb, die jeglicher Schmuckformen, Muster und Farben entblößt waren und keine begreiflichen Ausmaße mehr besaßen. Die Erneuerer wiesen eine architektonische Philosophie zurück, die allen Gebäuden dieselbe Form verordnete und schließlich nicht mehr zwischen Wohn- und Geschäftshäusern, zwischen Groß- und Kleinstädten, zu unterscheiden vermochte. Mit einer neuerlichen Hinwendung zu den historischen Ursprüngen hegte man die Hoffnung, Sinngebung und menschliches Maß der Architektur zurückzuerobern.

Die in dieser Situation geborene Bewegung des ›Postmodernismus‹ verkörperte sich unter anderem in den »landmark writings« des Architekten Robert Venturi und des Planers Denise Scott Brown; in den Vereinigten Staaten wurden ihre Entwürfe berühmt durch die Arbeit ihres gemeinsamen Unternehmens, Venturi Rauch und Scott Brown, ferner durch die Arbeiten von Michael Graves und – am wichtigsten für die Westküste – durch diejenigen von Charles Moore.

Moore siedelte Ende der 70er Jahre nach Los Angeles über, um am Institut für Architektur an der Universität von Kalifornien zu lehren; er entwarf Häuser, die sich durch eine eklektizistische, unbeschwerte und sensible Mischung aus regionalen und historischen Bautypen, aus kostbaren und billigen Materialien (oft sogar nebeneinander) auszeichnen, die den Wechsel in den Proportionen ebenso wie das Spiel mit der Perspektive kennen und dabei an architektonische Kunstgriffe aus dem Barock des 17. Jahrhunderts erinnern. Moores gleichzeitiger Zugriff auf die Architekturgeschichte und die Welt des Sichtbaren (sein eigenes Haus in Südkalifornien ist vollgestopft mit mexikanischem Kunsthandwerk und persönlichen Kunstobjekten) ist meilenweit entfernt von einer minimalistischen Konzeption der modernen Architektur und dem entsprechenden Design für Innenräume und Möbel. Sein Werk markiert geradezu exemplarisch jene Richtungsänderung in der Theorie der Architektur, die in den letzten zehn Jahren vonstatten gegangen ist.

Ein derart eklektizistisches Klima hat in der jüngeren Architektengeneration von Los Angeles zu einer artverwandten Blüte neuer Formen geführt. Als Beispiele seien hier nur Eugene Kuppers Haus für den Sänger Harry Nilsson genannt sowie Bauprojekte ganzer Viertel wie die Sonnentechnologie-Häuser von ›Urban Forms‹ in Santa Monica, deren ›dorfähnliche‹ Baugestaltung eine eher europäische Auffassung von Architekturplanung verrät und überdies ein sehr modernes Interesse am Entwurf aktiver und passiver Solarzellen an den Tag legt. Formen, Materialien und Rhythmen der umliegenden Städtelandschaft werden freizügig durch Zitate aus der amerikanischen und europäischen Stilgeschichte aufgelockert, erfüllt von dem Wunsch, die Menschen mit ihrer architektonischen Umwelt zu versöhnen. Zugleich wird dabei an unser kollektives Gedächtnis appelliert, um den Sinn für historische Kontinuität aufrechtzuerhalten und unserem Alltagsleben in erhöhtem Maße wieder Qualitäten wie eine klare Gliederung und Sinnerfüllung zu verleihen. (P. V.)

Das Adobe-Haus von Hugo Reid auf der Baldwin-Ranch in Santa Anita (1839). Dieses schlichte Gebäude aus Luftziegel-Wänden geht auf einen glattgeharkten Hof mit Lehmboden hinaus, dessen Mitte ein Brunnen aus Natursteinen schmückt.

Ein Haus aus den 30er Jahren im Stil der ›Zig-Zag-Moderne‹ im Wilshire Distrikt.

Auf dem Gelände der Ranch, die sich der Unternehmer »Lucky« Baldwin bauen ließ, befindet sich auch dieses Gebäude im Stil einer viktorianischen ›Folly‹, das heute zum Botanischen Garten von L. A. gehört.

Sogar die Minigolf-Anlagen um L. A. weisen ihre eigene Fantasy-Architektur auf.

Die Villa d'Este-Apartments (1928). Das Ensemble aus verführerischen Höfen und aparten kleinen Brunnen räumt diesen Gebäuden zu recht einen Platz unter den hervorragendsten Apartment-Komplexen von L. A. im klassischen Stil ein.

Die Osiris-Apartments (1926). Obwohl der Bau von der Vorderseite her den eher gewöhnlichen ›Putz-Kästen‹ nicht unähnlich ist, liegt doch J. M. Closes monumentale Pylonenfassade voll im Trend des ägyptisierenden Stils, der gerade in den 20er Jahren en vogue war.

Die Eingangshalle der Amen-Ra-Apartments (20er Jahre) in Ost-Hollywood nimmt den ägyptisierenden Stil der Fassade auf. Die Entdeckung des Grabes von König Tut-ench-Amun im Jahre 1922 rief diese ägyptische Renaissance hervor, in deren Verlauf mindestens 20 neo-ägyptische Apartment-Komplexe entstanden, von denen viele heute noch existieren.

Die Villa der O'Neills in Beverly Hills (1981). Dieses von Don Ramos entworfene Haus – die Gipsarbeiten führte Stephen Hart aus – wurde eigens gebaut, um die O'Neillsche Sammlung von Art-Nouveau-Möbeln aufzunehmen.

Hightower Court in den Hügeln von Hollywood. Diese kleine Gemeinde am Abhang eines Canyons, die in den Romanen und Filmen Raymond Chandlers so häufig vorkommt, hat nur zwei Zugänge: einen Fahrstuhl-Turm aus den 30er Jahren, der von einer unterhalb gelegenen Straße aus zu erreichen ist, und einen kleinen Stiegenpfad. In der Ansiedlung, die Erinnerungen an mediterrane Bergstädtchen wach werden läßt, erkennt man auf der rechten Seite, ganz versteckt zwischen den Bäumen, ein frühes Haus von Lloyd Wright.

Das Sonnenenergie-Viertel von Urban Forms in Santa Monica (1981). Dieser dorfähnliche Komplex aus mehreren Wohneinheiten bietet aktive und passive Solarzellen-Technologie; die gestuften Gittermotive haben ihren Ursprung in der New-Wave-Graphik der 70er Jahre (siehe Abb. oben). Eine einzige Häuserzeile luxuriöser Gebäude säumt diesen gefährlichen Abschnitt von Malibu Beach.

Die Apartments des ›dänischen Dorfes‹ am Beverly Boulevard (1925). Das Dorf wurde von einem dänischen Einwanderer als Erinnerung an seine Heimat erbaut; der ›Dorfplatz‹ wird sowohl von Apartments als auch von einem geräumigen Atelier für den Eigentümer, einen Künstler, flankiert.

Das Spadena-Haus in Beverly Hills (1921). Henry Olivers beispielhaftes ›Hexenhaus‹ wurde ursprünglich als Kulisse für eine Filmproduktion in Culver City gebaut, bevor man es an seinen jetzigen Standort gebracht hat.

Diesen Apartment-Komplex in Silverlake, eine phantasievolle Billigproduktion im maurischen Stil der 20er Jahre, macht nur die Fassade zur Attraktion: Hinter dem kühn geschwungenen Bogen liegt ein ganz normaler Innenhof.

Sie wirken wie Tabletts aus einem ›Drive-in-Restaurant‹, die man auf einen Berghang geklebt hat, und eines ist sicher: Solche Häuser sind nur etwas für Unerschrockene. Diese Bauweise, die wundervolle Ausblicke ermöglicht, wurde in den 50er Jahren populär. Die Untertassen sind gelandet – zumindest eine. John Lautners ›Chemosphere‹-Haus (1960) hockt zwischen den Bäumen der Hollywood-Hügel.

◄ Sowden-Haus in Ost-Hollywood (1926). Vor Ort als ›Haus des Rachens‹ bekannt, ist dieses Gebäude zweifellos der exotischste Entwurf von Lloyd Wright. Das Haus ist um einen Innenhof herum gebaut, der heute von einem riesigen Kaktus beherrscht wird.

An diesem Haus aus den 70er Jahren, zu Füßen einer eindrucksvollen Steinformation, erinnert alles an die Fernsehwestern der Frühzeit. Die Konstruktion aus Luftziegeln beherbergt die einzigartige Sammlung von Western-Memorabilien des Eigentümers, Snuff Garett. ►

Das Haus der Gambles in Pasadena (1908). Dieses Meisterstück, das von Greene & Greene für die Gamble-Familie (von Procter & Gamble) gebaut wurde, gilt als frühes Beispiel der kalifornischen Tradition, die sich darum bemüht, Außen- und Innenbereich gleichermaßen in das Wohnterrain einzubeziehen. Das Haus wurde – einschließlich der ursprünglichen Möbel und Beleuchtungskörper – inzwischen vollständig restauriert.

Die Betten in diesem Gästeschlafzimmer sind von den Greene-Brüdern entworfen worden; die Ausführung erfolgte in Silber, dem Nickel beigemischt wurde, anschließend wurden Wildrosenmuster eingraviert. Die Tiffany-Glas-Lampen, von Charles Greene entworfen, nehmen dieses Wildrosenmotiv ihrerseits auf.

Als Blickfang in diesem Speisezimmer präsentiert sich der große Tisch, dessen honduranisches Mahagoni wundervoll mit den Holzvertäfelungen des Raumes harmonisiert; der Tiffany-Leuchter wurde eigens für diesen Raum entworfen.

Die Kacheln um den Kamin sind mit Einlegearbeiten aus Tiffany-Glas geschmückt. In den Wandschränkchen über dem Sims ist Tiffany-Favrile-Glas verwendet worden.

Das Hauptschlafzimmer weist mehrere meisterhafte Einzelkompositionen auf, so etwa diesen Sekretär aus schwarzem Walnußholz mit passendem Stuhl. Die handgefertigten Holzteile des Sekretärs sind mit Einlegearbeiten aus Halbedelsteinen versehen; die Bodenlampe stammt von Tiffany.

Diese Tiffany-Lampe hängt, an Lederschlaufen gehalten, von einem Balken über der Kaminecke des Aufenthaltsraumes herab; sie ist aus burmesischem Teakholz mit abgerundeten Ecken gefertigt.

Die Vertäfelungen des Foyers aus burmesischem Teakholz sind, wie auch überall sonst in diesem Haus, mit abgerundeten Ecken gefertigt. Gleitet man mit der Hand über die exquisit gefertigten Holzflächen, so wird die sanfte Linienführung, die diese Räume bestimmt, sinnlich erfahrbar. Alle Verbindungsstellen der Vertäfelung sind mit Holzdübeln bewerkstelligt – Nägel und Schrauben waren verpönt; diese Holzdübel sind zudem wichtige Gestaltungselemente für die visuelle Gesamtwirkung. Die Lampe auf dem Tischchen rechts im Bild stammt von Charles Greene.

Das Storer-Haus in den Hügeln von Hollywood (1923). Dieses zu Recht berühmte Haus von Frank Lloyd Wright ist von seinem derzeitigen Besitzer, dem Filmproduzenten Joel Silver, liebevoll restauriert worden; das mit der Renovierung beauftragte Team unter der Leitung von Eric Lloyd Wright, dem Enkel des Architekten, hat das heruntergekommene Gebäude zu einem stolzen Vorzeigeobjekt im Originalzustand gemacht.

Das Licht flutet von den französischen Türen durch die Balustrade aus durchbrochenen Betonblöcken in den Sitzbereich hinein. Die Couch ist nach einem Entwurf von Wright von einem jungen Designer-Team ausgeführt worden.

Diese Sitzgruppe von Lloyd Wright aus den 20er Jahren verleiht den Wohnräumen im zweiten Stock die Atmosphäre eines Kinofilms von Cecil B. DeMille.

Das Schlafzimmer der Hauseigentümer. Besonders bemerkenswert ist der Stuhl von Carlo Mollino aus den 50er Jahren. Das Bett, Jahrgang 1930, stammt aus dem früheren Heim der Besitzer.

Der Sessel wurde vom jetzigen Designer-Team nach einem Entwurf gebaut, den Wright für das seinerzeit zuständige Inneneinrichtungsteam zur Verfügung stellte. Auf der rechten Seite befindet sich eine verglaste Schiebewand, die den Eintritt von frischer Luft durch eine durchlässige Außenwand ermöglicht.

Howe-Haus in Silverlake (1925). Rudolph Schindler benutzte eine Menge rahmenlosen Glases, um die Wechselwirkung zwischen Innen- und Außenraum dramatisch in Szene zu setzen. Oberhalb des Wohnareals erhebt sich eine Plattform für den Schlafbereich. Direkt vor dem Fenster befindet sich ein von der Laibung geschützter Lichtschacht, der den darunter liegenden Boden erhellt.

Das Strandhaus der Lovells auf der Halbinsel von Balboa (1922–26). Dieser Schindler-Entwurf besteht aus einer komplizierten Aufeinanderfolge von strukturalistischen und dekorativen Elementen. Der Wohnraum, der über zwei Geschosse geht, besitzt auf der einen Seite eine Galerie, die den Zugang zu einer Flucht von Schlafzimmern eröffnet. Dekorative Elemente des »de Stijl« beleben die großen Wandflächen.

Die beiden Treppenaufgänge, die den unteren Teil des Strandhauses der Lovells gliedern, werden in den hochstrebenden Betonrahmen fortgesetzt, die den darüberliegenden Wohnbereich stützen.

Mandalay (1953). Mandalay, am höchsten Punkt eines schönen, von einer wild romantischen Hügellandschaft umgebenen Tals gelegen, ist die Heimstatt seines Schöpfers, des Architekten Cliff May, der als Pionier des ›Ranchstil-Hauses‹ gilt. Die Vielseitigkeit dieses Stils zeigt sich hier in der gelungenen Art und Weise, in der spätere Ergänzungen wie Innenhöfe und der große Taubenschlag den ursprünglichen Entwurf erweitert haben.

Die von Tageslicht durchflutete Eingangshalle, hier von dem großen Wohnbereich aus gesehen, besitzt eine ganze Wand voller Bücherregale, die den Schatz pergamentgebundener Bücher von Mays Reisen birgt. Zimmerpflanzen in den gemauerten Blumenkästen haben mittlerweile die Höhe kleiner Bäume erreicht.

Dieser Eßbereich – früher ein Innenhof – ist erst später ummauert worden. Das Fenster mit der tief zurücktretenden Laibung rahmt die Aussicht auf eine Wiese. Der Eßtisch stammt aus dem Besitz von William Randolph Hearst, die Stühle sind spanischer Provenienz.

Auch der Kamin von Mandalay ist von May selbst entworfen. Der Ranchstil ist im Laufe der Jahre ein wenig zurückgetreten zugunsten der Vorliebe seines Architekten für die traditionelle mexikanische Bauweise: Die Steinsäule links im Bild hat die ursprüngliche hölzerne ersetzt.

Eames' Wohnhaus und Studio in Santa Monica (1947–49). Dieses als Teil des Case-Studien-Programms gestaltete Haus, das bei seiner Entstehung als High-Tech-Gebäude galt, wirkt heute genauso modern wie zu jener Zeit, als Charles und Ray Eames ihre Pläne zeichneten.

Der Bungalow der Erenbergs in Mar Vista. Der Chrysler Dual Ghia, das schickste Auto der 50er Jahre, komplettiert angemessen die Außenansicht dieses vortrefflich restaurierten Hauses in einem Vorstadtviertel aus derselben Zeit.

Vom Eßzimmer des Fuller-Hauses genießt man das Panorama der ganzen Stadt – wie in der Loge eines Breitwandkinos.

Alan und Lori Erenberg haben ihren Wohnraum bis ins letzte Detail im Stil der 50er Jahre wiederhergerichtet. Die schaumgummigepolsterte Couch ist ein gewagtes Stück extravaganten Designs.

Diese 1939 von Leland Fuller gebaute Residenz in den Hügeln von Hollywood ist ein gutes Beispiel der sogenannten ›Stromlinien-Moderne‹. Auf einem Hügel hoch über der Stadt gelegen, erinnern uns die Balkone an Promenadendecks von Ozeandampfern aus der Entstehungszeit des Gebäudes.

Das Eßzimmer der Erenbergs ist mit Tapeten ausgestattet, die für das Beverly Hills Hotel entworfen waren. Der Tisch ist die 50er-Jahre-Replik eines Noguchi-Originals.

Ein Arbeitszimmer geht auf den hinter dem Haus gelegenen Garten hinaus. Die ausgefallene Stehlampe besteht aus einer drehbaren Scheibe, die als Reflektor für die in den Fuß der Lampe eingelassene Lichtquelle dient.

Der sternenschleudernde Leuchter, die mit Venyl bezogene Sitzbank, die Eßnische aus Formica und Chrom, der gesprenkelte Linoleumfußboden – all das führt dazu, daß man sich in der Küche der Erenbergs wie in einer 50er-Jahre-Reklame aus der Saturday Evening Post *fühlt.*

Ein Gemälde des englischen Künstlers Duggie Fields beherrscht den Wohnraum.

Die Allee-Willis-Residenz in der Filmstadt (1937). William Kessling entwarf dieses elegante Gebäude der ›Stromlinien-Moderne‹ als Partyhaus für MGM. Heute kann es zu allem Überfluß noch mit dem dernier cri, einer von Willis geschaffenen ›Wüstenlandschaft‹, aufwarten: Kakteen und Bowlingkugeln in einem mit Glasbausteinen abgetrennten Sandbett.

Ein Studio in den Hügeln von Hollywood (1979). Dieses schlichte Studio von Steven Ehrlich wird gleichermaßen als Atelier für Malerei und Fotografie genutzt. Die Außentreppen führen zu einem Schlafraum im zweiten Stock.

Die verglaste Eckkonstruktion, hier oben vom Balkon des Schlafzimmers aus betrachtet, bringt den attraktiven Blick auf die Nordseite des Canyons vollendet zur Geltung. Originale Tropenmöbel aus den 20er Jahren und ein handgemalter Läufer aus Leinwand vervollständigen das architektonische Konzept.

Die Nilsson-Villa in Bel Air (1977). Dieses angenehme, für den Sänger und Komponisten Harry Nilsson entworfene Haus wird durch seine terrassierte, sich der Landschaft anschmiegende Konzeption zum harmonischen Bestandteil des Canyons, in dem es liegt. Der Architekt Eugene Kupper hat hier ein äußerst komplexes Gebäude geschaffen, dessen Mittelteil – eine an ein Kirchenschiff erinnernde, mit einem Giebel versehene Gebäudestruktur – sich über die ganze Länge des Hauses hinzieht. Klassische und mediterrane Formen lassen Anklänge an die Postmoderne, jedoch in ansprechender Mäßigung, aufkommen.

Die Moore-Villa in Westwood (1969–75). Charles Moores Stadtwohnung in L. A. liegt im Erdgeschoß eines von ihm selbst zusammen mit Richard Chylinski entworfenen kleinen Apartmenthauses. Das Innere gruppiert sich um einen Treppenaufgang, der am Eingang beginnt, eine kurze Unterbrechung durch den im ersten Stock gelegenen Wohnbereich erfährt, um schließlich zu einer Bibliothek im zweiten Stock aufzusteigen. Die Wohnung beherbergt Moores riesige Spielzeugsammlung aus der ganzen Welt. Der Treppenaufgang und die heiteren Zierverkleidungen aus Wellblech dienen dazu, die Sammlung in angemessener Weise zur Geltung zu bringen.

N.D.M

Die Yudell/Beebe Villa in Ocean Park (1984), ein kleines Ferienhäuschen aus den 20er Jahren, das von dem Architekten Buzz Yudell und seiner Frau umgebaut wurde; die Farbberatung übernahm Tina Beebe. Unter Verwendung von Fenstern, die aus einem abbruchreifen Häuschen in der Nähe gerettet wurden, modifizierte man die Fassade, behielt jedoch immer noch den ursprünglichen Charakter bei. Das sich einst über sechs Räume erstreckende Innere geht heute in einem einzigen Raum auf, dem allerdings ein separates Badezimmer angeschlossen ist. Um optisch den zur Verfügung stehenden Raum zu vergrößern, entwarf Yudell eine innerräumliche Ellipse, deren Verlauf durch Säulen, Architrave und sogar durch die sanfte Biegung der Sitzbank akzentuiert wird. Auch die übrigen Teile des Hauses, die nicht in der Ellipse liegen, sind so gestaltet, daß sie die Illusion größerer Raumtiefe erwecken.

Das winzige Schlafzimmer vom Rodes-Haus (siehe gegenüber) verfügt über viel Stauraum über dem Bett. Die bequeme Erreichbarkeit der Regale und des Fensters entschädigt für die räumliche Enge.

Rodes-Haus in Brentwood (1979). Ein Gerüst für Kletterpflanzen führt an beiden Seiten die konvexe neoklassizistische Fassade fort. Vor dem Haus liegt ein vom Besitzer selbst angelegter Kräutergarten, nach hinten heraus öffnet sich ein Orangenhain mit Blick auf die Stadt.

Die Architekten Moore, Ruble & Yudell vergrößerten für den Besitzer dieses Hauses, einen Englisch-Professor der UCLA, den Wohnbereich so weitgehend, daß hier auch Theaterveranstaltungen stattfinden können. Ein System von Lichtschienen wurde so angelegt, daß man alle Wandpartien in beliebiger Weise ausleuchten kann.

Der Swimming-pool von Petal House in Rancho Park.

ZWEITER TEIL

DIE NEUE WELLE

Die Postmoderne entstand weitgehend in der akademischen Atmosphäre der Ostküsten-Hochschulen und bediente sich freizügig aus dem Fundus der europäischen Architekturgeschichte. Während die Spitzenkräfte langsam, aber sicher überall akzeptiert wurden (wobei diese Tatsache hier nicht gewertet werden soll), führten eine Reihe von Architekten und Designern aus Los Angeles ihre eigenständigen und vom Postmodernismus so ganz verschiedenen Experimente durch. Anstatt die historischen Bauwerke der Vereinigten Staaten oder Europas zu zitieren, stöberten sie im eigenen Hinterhof nach der architektonischen Erbschaft von Los Angeles selbst: Obwohl nicht viel älter als 100 Jahre, hielt sie dennoch einen reichen Schatz an Fundstücken bereit. Die neuartigen Außen- und Innenentwürfe von Architekten wie Frank Gehry, Morphosis, Eric Owen Moss, Frederick Fisher und Brian Murphy knüpfen ebenso an die heimische Kultur von Los Angeles an – die exotische Landschaft, die Highways, das Licht –, wie sie die architektonischen Lokaltraditionen fortsetzen.
(Da aber diese Traditionen wiederum selbst noch sehr jung sind, schöpfen diese Architekten eher aus einer modernistischen als aus einer ›klassischen‹ Quelle, und hier mag der Grund dafür liegen, daß sie in den meisten Fällen dem Konzept des Postmodernismus relativ fremd gegenüberstehen.) Weitere Quellen der Inspiration sind für diese Architekten der Prozeß des Bauens selbst sowie die Baumaterialien an sich. Deshalb bestehen die neuen Häuser in L. A. meist aus recht abstrakten, schmucklosen Formen, konstruiert aus solch ›banalen‹ Materialien wie Beton, galvanisiertem Metall, Putz, Asphalt-Schindeln und Sperrholz.

Mit Ausnahme der Konzepte Gehrys sind viele dieser Experimente als Wohnhäuser konzipiert oder in Gestalt kleinerer Geschäftsaufträge entworfen worden. Da ihre Entwürfe den großen Wohnungsbaufirmen oftmals zu radikal erscheinen, arbeiten die meisten Architekten für sich allein oder in sehr kleinen Unternehmen. Doch wie klein manche der Projekte auch gewesen sein mögen, der Einfluß, den sie auf die Baukunst in Los Angeles und darüber hinaus ausgeübt haben, ist bemerkenswert. Das Los Angeles der 80er Jahre gilt zur Zeit als die Werkstatt der erfindungsreichsten Architektur im ganzen Land. Wenn überhaupt ein Initialbau der ›Neuen Welle‹ auszumachen ist, so gilt dies sicher für das Gehry-Haus in Santa Monica. Frank Gehry, das älteste und umstrittenste Mitglied der Gruppe, schockierte praktisch die gesamte Architektenzunft, als er in einer ruhigen Vorstadtstraße ein einfaches holländisches Kolonialhaus in eine dreidimensionale, konstruktivistische Collage verwandelte, die den Gesetzen der Schwerkraft zu trotzen scheint und dabei die Konventionen der zeitgenössischen Architektur allemal verspottet. Gehry, der bereits zehn Jahre lang für große Geschäftsunternehmen gearbeitet hatte, bevor er 1962 Frank O. Gehry & Teilhaber gründete, galt noch bis in die 70er Jahre hinein als linientreuer Vertreter des orthodoxen Modernismus, bis ihm die Tatsache aufging, daß die Unterscheidung zwischen ›schön‹ und ›häßlich‹ im architektonischen, wirtschaftlichen und sozialen Schmelztiegel der Vereinigten Staaten – vor allem ihrer Großstädte – nun nicht mehr von Bedeutung war. Gehry gewann die Überzeugung, daß Gebäude während ihrer Bauzeit oft besser aussahen; ›unfertig‹ schien besser als ›fertig‹. Folglich begann Gehry, seine Vorbilder in jenen ›anonymen‹, niedrigen Gebäuden zu entdecken, die alltäglich das Gesicht der Straßen von Los Angeles bestimmen, und mit den Bauten entdeckte er auch ihre fundamentalen, schmucklosen Materialien für seine eigene Arbeit: Betonblocks, Blech und Maschendrahtzaun, um nur einige zu nennen. Heute legt Gehry Wert auf die Feststellung, daß diese Billigmaterialien, die bald seinen Stil kennzeichneten, weniger eine Sache der Vorliebe als der Notwendigkeit gewesen seien; sie kosteten nicht viel, und man benötigte keinen Fachmann, um sie zu verarbeiten. Ohne jeden Abstrich behaupten diese Baustoffe ihren angestammten Platz auch in der Bildersprache derjenigen Architekten, die von Gehry beeinflußt wurden. Gehry war zudem nach langer Zeit wieder der erste Architekt, der Interesse an zeitgenössischer Kunst bekundete; das läßt sich an den Einflüssen ablesen, die Bildhauer wie Carl Andre, Donald Judd, Larry Bell, Richard Serra und Claes Oldenburg auf sein Werk ausgeübt haben: Besonders offensichtlich wird dies an den kompromißlosen, minimalistischen Formen und am Gebrauch eben jener ›primitiven‹ Materialien, durch den die Überführung des Alltäglichen in die Sphäre des Außergewöhnlichen gelingt.

Im Kontext seines übrigen Werks betrachtet, stellt Gehrys eigenes Heim jedoch eine Anomalie dar. Es erscheint eher als eine abstrakte bildhauerische Komposition denn als ein Stück Architektur, das sich sonst immer – charakteristisch für Gehrys spätere Arbeiten – auch auf seine Entstehung in der städtischen und vorstädtischen Umgebung bezieht. Gehry versucht in wachsendem Maße, die

Der Asphaltfußboden des Küchenanbaus in Gehrys Haus stellt eine Reminiszenz an die alte Straße dar, die dem Haus weichen mußte. Eine neue Vitrine schmiegt sich von außen um das alte Erkerfenster.

monolithische Struktur großer Gebäude aufzubrechen, indem er sie in eine Folge kleinerer Gebäudeteile auflöst, die sich so mit ihren niedrig gebauten Nachbarn besser vertragen sollen. Die Häuser der Indiana Avenue beispielsweise, die als Künstlerateliers gebaut wurden, bestehen aus einem Komplex von drei zweistöckigen Wohneinheiten, die sich auf einem engen Grundstück in einer heruntergekommenen Straße von Venice zusammendrängen. Ein einziges hohes Gebäude hätte auf dem Gelände deplaziert gewirkt, doch Gehrys unregelmäßig geformte Baukörper, die mit utilitaristischen Asphalt-Schindeln, Sperrholz oder Putz verkleidet sind, imitieren weder anbiedernd das Aussehen der winzigen Bungalows und »dingbats« (L. A.-Idiom für die allgegenwärtigen Billigputz-Kästen, welche die Straße säumen), noch bekämpfen sie sie.

Weniger als eine Meile entfernt, in der Nähe der Strandpromenade von Venice (ein nicht weniger heruntergekommener, dafür aber wesentlich teurerer Stadtteil), hebt sich Gehrys Spiller-Haus nun doch von den umliegenden Einfamilien- und Apartmenthäusern ab. Von außen sieht es mit seiner Fassade aus gewelltem, galvanisiertem Blech recht abweisend aus; im Inneren jedoch ist es ein lichtdurchflutetes Baumhaus, dessen hölzerne Balken und Treppen beinahe unbearbeitet blieben. Das Haus ist sozusagen absichtlich im Rohbau belassen worden; es sollte möglichst kostensparend gebaut werden. So sorgte Gehry für eine Konstruktionsweise, die keine teuren Fertigungs- und Abschlußarbeiten erforderte: Raum und Licht sind die wichtigsten Elemente in diesem emporstrebenden Innenraum, und Gehry versteht es meisterlich, beide in harmonischem Einklang zu vereinen. Trotz verschwenderisch vorhandenem Tageslicht und großzügigen Aussichten ist das Haus selbst sorgfältig vor aufdringlichen Blicken geschützt. Solches erweist sich in einer Gemeinde, in die zuweilen wahre Heerscharen von Strandtouristen einfallen, als keineswegs unwichtige Vorsichtsmaßnahme.

Direkt an der Uferpromenade steht eines der jüngeren Gebäude, bekannt wohl als das farbenprächtigste Haus von Gehry, das er für den Drehbuchautor Bill Norton und dessen Frau Lynn, eine Künstlerin, entworfen hat; eine ausufernde, ins Auge fallende Komposition aus gestuften, kastenähnlichen Formen: ein Erdgeschoß, das im leuchtendsten Swimming-pool-Blau gekachelt ist, von röhrenförmigen Konstruktionen eingefaßte Terrassen, ein ›Rettungsschwimmer-Turm‹ und ein Arbeitszimmer, das über die Terrasse im zweiten Stock herausragt. Für sich allein genommen mag das Haus sehr extravagant erscheinen, doch unter seinen Nachbarhäusern an der Uferpromenade – älteren Bauten, mit Schmuckformen verziert, die man als ›Späten Strandräuber-Stil‹ umschreiben könnte – ist das Norton House gerade richtig am Platze. Die wohlgeformten, spärlich möblierten und doch engen Innenräume werden durch eine Reihe von Deckenlichtern und Fenstern erhellt: So schafft der Architekt eine permanente Verbindung nach draußen und läßt reichlich Licht in ein Haus einfallen, das auf beiden Seiten dicht von Nachbarhäusern bedrängt ist.

Ein neues Deckenfenster über dem Areal der Küche von Gehrys Nelson-Haus läßt das Licht durch eine Balkenkonstruktion aus den 20er Jahren einfallen; diese wurde aus dem Holz des Mammutbaums gefertigt und im Sandstrahlgebläse geglättet.

ROBERT
INDIANA
NEWART
STABLE
NEWYORK
12MAY64

Frank Gehrys Einfluß hat in den letzten Jahren beachtlich zugenommen, und das nicht nur auf dem Sektor des privaten Wohnungsbaus, sondern auch bei Bauvorhaben der Wirtschaft, der Kommunen und öffentlichen Institutionen. Beispiele hierfür sind Projekte wie das Temporary Contemporary (das nur vorübergehend hier untergebrachte Museum für zeitgenössische Kunst), das Kalifornische Luftfahrtmuseum, der Santa-Monica-Platz und die Loyola-Hochschule der Justiz. Heute erhält Gehry oftmals sogar die größten Bauaufträge aus anderen Städten. Sein eigenwilliger und kompromißlos den eigenen Prinzipien verpflichteter Stil verkörpert zwar nicht ausschließlich Qualitäten, die er allein dem Klima von Los Angeles zu verdanken hätte, doch es ist sicher, daß Gehrys Ideen hier eine tolerantere Atmosphäre als in vielen anderen amerikanischen Städten vorgefunden haben. Mit Gehrys Werk wird jenen ›Pioniertraditionen‹ von Los Angeles – einer geistigen Unabhängigkeit und der Suche nach dem für Zeit und Ort passenden baulichen Ausdruck – ein Denk-

Für das Caplin-Haus schuf der Architekt Fred Fisher ein Dach, das einer gigantischen Woge gleicht, die sich im nächsten Augenblick mitten über den Dächern und Palmen von Venice zu brechen scheint.

mal gesetzt. Die Schönheit seiner Arbeiten liegt vor allem darin, das sie uns immer wieder das scheinbar Unbedeutende so enthüllen, daß es uns plötzlich bedeutend erscheint.

Thom Mayne und Michael Rotondi von der Firma Morphosis arbeiten auch – wie Gehry – häufig mit billigen Materialien und offenkundiger Konstruktionsweise, doch – anders als Gehry – legen sie eine wahre Besessenheit an den Tag, wenn es darum geht, die Bauteile handwerklich korrekt zusammenzufügen und zu bearbeiten. Obwohl sie auch Projekte für Geschäftsunternehmen ausgeführt haben, erreichten sie doch mit ihrer Wohnarchitektur den größten Bekanntheitsgrad, insbesondere mit ihren drei ›Alleenhäusern‹ in Venice.

Viele städtische Wohnbezirke in Los Angeles sind durch ein System von Alleen gegliedert, das als sekundäres Straßennetz dient; und zugebaut wie es ist, mit winzigen Garagen und anderen Kleinbauten, bietet es einen genauso interessanten Anblick wie das primäre Straßennetz. Kleine Garagenapartments oder Studios waren schon immer die Hauptwohnform in diesem Alleensystem, doch die Architekten von Morphosis haben diesen Wohntypus durch ihre Anbauten ›2-4-6-8‹, ›Sedlak‹ und ›Venice III‹ mit ihrer eigenwilligen Handschrift entscheidend variiert. In diesen kleinen Gebäuden ist es den Architekten gelungen, Größe und Aufbau nach außen hin in Beziehung zu den oftmals schäbigen Formen und Materialien der Allee zu setzen, während für die Bewohner im Inneren ungehinderte Ausblicke auf die Stadt und genügend natürlicher Lichteinfall geschaffen wurden. Auch wenn diese Häuser zu den kleinsten Wohnprojekten von Los Angeles gehören, gebührt ihnen mit Sicherheit ein Platz unter den bemerkenswertesten Bauformen hiesiger Architektur.

Maynes und Rotondis Lawrence-Haus ist jedoch einer ganz anderen Konzeption verpflichtet. Zunächst handelt es sich diesmal nicht um eine Folge von Anbauten, sondern um ein eigenständiges Haus; weiterhin besteht die Anlage auch nicht mehr aus einer Reihe deutlich gegliederter Einzelteile, sondern die Innenräume wirken wie geschnitzt oder herausgemeißelt. Das Haus steht auf einem engen Grundstück mit Meeresblick in Hermosa Beach; seine kompromißlose Fassade aus galvanisiertem Metall läßt nicht einmal ahnen, daß sich dahinter eine solch komplizierte Anordnung von Räumen und Gängen verbirgt. Eric Owen Moss, ungefähr im gleichen Alter wie Mayne und Rotondi, teilt ebenfalls deren Vorliebe, Bauteile um ihrer selbst willen aus der Gesamtkomposition heraustreten zu lassen (ein ausgesprochen modernistischer Zug, nebenbei bemerkt). Sein Werk will jedoch darüber hinaus als ein sehr bewußter Kommentar zur amerikanischen Wohnkultur verstanden sein, zu ihren baulichen Erscheinungen ebenso wie zu den soziologischen Faktoren, die das Phänomen Architektur bedingen. Moss' eigenes Heim, Nummer 708 in Pacific Palisades, gibt sich, ganz wie das Domizil Gehrys, als eine überraschende Umgestaltung eines bescheidenen, anspruchslosen Vorstadthauses aus den 50er Jahren. Der Ausbau des Architekten bewahrt viel von der ursprünglichen Substanz, übertreibt aber auf der anderen Seite auch die neuen Elemente wie die riesige Attrappe eines ›Strebepfeilers‹, das zweidimensionale ›Spitzdach‹ oder die überdimensionalen

Das Sedlak-Haus, das zweite der drei Alleenhäuser von Morphosis in Venice, fügt sich durchaus in den architektonischen Kontext seiner Umgebung ein und führt dennoch wahrhaft verschwenderisch eine Vielzahl graphischer Schmuckformen vor.

Graphiken der Hausnummern. Moss gelingt durch diese Kunstgriffe ein ironischer Kommentar zum Wesen des Vorstadthauses, das die Mehrheit der Hausbesitzer anscheinend für gottgegeben hält. Indem Moss diese Vorstadtkonventionen auf den Kopf stellt, hinterfragt er ihre Gültigkeit, zollt jedoch zur selben Zeit dem fest etablierten Stellenwert Respekt, den solche Klischees in der Architektur und der Sozialkultur unserer Gesellschaft einnehmen. In einem weiteren von Moss entwickelten Gebäude, dem Petal House (Blütenblatthaus) in Rancho Park, sind diese Ideen sogar noch stärker entwickelt.

Diesmal arbeitete Moss an einem eher traditionell wirkenden Bungalow; den Formen aber, mit denen er noch im Haus Nummer 708 experimentiert hatte, verlieh Moss nun einen dreidimensionalen Charakter: Der flache Trompe-l'œil-Pfeiler wurde zu einem ›richtigen‹ Bauelement aus solidem Holz; das Spitzdach öffnet sich tatsächlich wie ein Blütenblatt, das sich um einen Whirl-pool geschlossen hat, und gibt die Aussicht auf den Highway von Santa Monica und die Hochhäuser von Century City frei.

In der Ikonographie der kalifornischen Alltagskultur hat der Highway immer einen besonderen Platz eingenommen, doch im Petal House ist er erstmalig mit derart erstaunlichen Resultaten in die häusliche Wohnwelt integriert worden! Das Innere des Hauses wirkt, obwohl von bescheidenen Ausmaßen, komfortabel und sonnig, es erscheint daher – vielleicht der wichtigste Aspekt – nicht als architektonische Karikatur wie das Haus Nummer 708, sondern insgesamt wesentlich überzeugender. Bei einer Fahrt über den Santa-Monica-Highway fällt zunächst der Blick auf das Spitzdach des Hauses, das sich über den Bäumen öffnet; der Einfall wirkt überraschend, aber nicht unwahrscheinlich. Es wirkt ganz einfach wie eine Realität gewordene Idee.

Fred Fishers Arbeiten entziehen sich allen simplen Definitionsversuchen. Zwar lassen sich in den collageähnlichen Kompositionen, der bloßgelegten Innenstruktur, den verzerrten Perspektiven und im Gebrauch von Materialien wie Maschendraht, etwa in seinem Caplin-Haus in Venice, unschwer die Einflüsse Gehrys erkennen, in dessen Büro Fisher einst arbeitete; das Haus der Jorgensons scheint jedoch einer vollkommen Gehry-unähnlichen Vision zu entstammen, wie es da hoch oben in den Hügeln von Hollywood mit seinen Ruinenzitaten am Hang klebt. Fishers Haltung seinem Material gegenüber ist beinahe dekorativ zu nennen: Da erheben sich etwa paarweise angeordnete Abflußrohre aus galvanisiertem Metall, die wie Säulen wirken, da fügen sich verglaste Betonblöcke und Keramikschindeln zu vielfarbigen Mustern; und der Stammbaum des Gebäudes scheint eher auf die römische Antike zurückzugehen. Dennoch illustrieren seine Formen und Materialien ganz vorzüglich die pragmatische Kunst eklektizistischer Entlehnung, die für Fishers Arbeiten so charakteristisch ist.

Graphikdesign ist in der wandlungsfähigen Kunstszene von Los Angeles immer ein integraler Bestandteil gewesen. Die ausgefransten Ecken des »rip and tear«, die nicht zusammenpassenden Muster, schiefe 90-Grad-Gitter, ›tropische‹ Farben und andere Elemente der New-Wave-Graphik der späten 70er und frühen 80er Jahre, wie sie sich beispielsweise im Werk angelinischer Künstler wie April Greiman zeigen, haben die Architektur und das Innendesign auf vielen Ebenen beeinflußt, was jedoch wahrscheinlich nirgendwo deutlicher sichtbar wird als im Werk Brian Murphys. Er zieht es vor, sich nicht zur Theorie der Architektur zu äußern; seine Werke selbst sprechen für sich und das unzweifelhaft und deutlich. Murphys Arbeiten, die sich bislang auf Umbauten von Interieurs beschränkt haben, zeugen von dem frechsten und möglicherweise, im Kreis der ihm ebenbürtigen Architekten, auch von dem klügsten Zugriff auf die Materialien eines Baumeisters. Die Badewanne aus Glasbausteinen und die gezackte Onyxplatte, die den Kamin im Hause der Dixons rahmt, werden vor einen fast spartanisch wirkenden weißen Hintergrund gesetzt und dort üppig ausgeleuchtet. In dem von Gehry erbauten Zweifamilienhaus an der Indiana Avenue, dessen Innenräume Murphy für den Schauspieler Dennis Hopper umbaute, erblickt man vom Wohnzimmer aus den gläsernen Block der Dusche; es gibt einen Leuchter, der aus Hunderten von kleinen Christbaumkerzen zusammengesetzt ist, während die Küche mit Kontrastmustern aus Kunststoff-Folie versehen ist. Murphys Vorliebe für alltägliche Materialien – in unorthodoxer Anordnung und an unwahrscheinlichen Orten – setzt sich in seinem Santa-Monica-Projekt auf faszinierende Weise durch. Glasierte Keramikfliesen mäandern über die Wohnzimmerwände, die Treppen sind mit einem Leopardenmuster bedeckt, ein Badezimmer ist mit grünem, gewelltem Glasfiber ausgeschmückt, und der leuchtend blau-grüne Boden des Eßzimmers, auf Spiegelglanz hochpoliert, sieht aus wie der perfekte kalifornische Swimming-pool – da hat man Mühe zu verstehen, wie Tisch und Stühle sich auf der ›Wasseroberfläche‹ halten können. Im Houston-Haus in Hollywood findet man einen schwarzen Teppich, auf dem sich der ganze Sternenhimmel ausbreitet, einen Küchenboden aus Glasbausteinen, und Zeichendreiecke aus Plastik, die sich um Lichtröhren gruppieren, dienen als Wandleuchter. Ein Fernsehapparat im Masius-Haus wird von einer ›Konsole‹ aus Sandsäcken eingefaßt. Überall in diesen Häusern sind Muster und Farben auf phantastische Weise, aber sparsam eingesetzt, um jederzeit die größtmögliche Wirkung zu erzielen – immer dann, wenn man sie am wenigsten erwartet. Murphys Werk ist nicht ohne gewisse Schwächen, doch sein Sinn für Humor, der uns allzeit vor Augen führt, daß es vorteilhaft ist, sich selbst nicht allzu ernst zu nehmen, bewahrt ihn vor zu großer Kopflastigkeit und vor purer Trendsetterei.

Die nächste ›Generation‹ von Architekten in Los Angeles bevorzugt ganz ähnliche Themen wie ihre Vorgänger. Die Anbauten von Elyse Grinstein und Jeff Daniels am Haus der Brentwoods verleugnen nicht die deutlichen Einflüsse ihres einstigen Arbeitgebers, Frank Gehry, was etwa in der Vorliebe für starke, einfache Formen und ›primitive‹ Materialien deutlich wird. In ihrem eigenen Zweifamilienhaus in Santa Monica demonstrieren Hank Koning und Julie Eizenberg einen ähnlichen Enthusiasmus für billige Materialien und Formen einfachen Designs wie Gehry. Ihr dem ›Billig-Schick‹ huldigendes Konzept mit Schwerpunkt auf der einfachen, soliden Bauweise spricht für jenen Pragmatismus, der in so hohem Maße ein Bestandteil der Lokaltradition ist. Die Interessen dieser jungen Architekten liegen weniger auf dem Feld der Theorie als auf dem der Praxis, des Bauens also, und vielleicht haben wir darin den Reflex einer heute unter jungen Leuten verbreiteten Lebenshaltung zu sehen, einer ›Laß-uns-schnell-zum-Geschäft-kommen-Einstellung‹. Doch diese Gesinnung hat uns auch ein neues architektonisches Können beschert: Man weiß sich zu helfen, und für die nächsten Jahre darf man wieder neue Produktionen erfindungsreicher Architektur erwarten.

Architekten sind jedoch nicht die einzigen Mitglieder der Kulturszene von Los Angeles, die uns die Vielfalt der hiesigen Wohnlandschaft beschert haben; die blühende Künstlergemeinde der Stadt trägt hierzu ebenso bei. Das Haus in Hollywood, das Tim Street-Porter und seine Frau, die Künstlerin Annie Kelly, bewohnen, verdankt seine architektonische Wandlung dem scharfen Auge der Besitzerin für Form und Farbe und der Veranda des Architekten Andrew Batey, der hierfür das Zitat einer ›Eingeborenenhütte‹ wählte. Kellys bemalte Wände und Treppen zeugen davon, wie sie das designerische Problem angeht, bei dem es darauf ankommt, Maße und Dekoration in die Konzeption der Innenräume zurückzuführen, und Bateys Veranda läßt dabei ein architektonisches Element wiederauferstehen, das man schon beinahe totgesagt hatte.

Wieder andere Überkreuzungen von Design und Kunst haben ebenso lebendige Ergebnisse gezeitigt. Peter Shire, der zunächst durch Möbel und Keramik (teilweise produziert von der italienischen Design-Gruppe Memphis) sowie mit seinen spektakulären Diskotheken für das Olympische Dorf von 1984 bekannt wurde, hat seine Talente auch seinem eigenen Haus im Echo-Park-Viertel von Los Angeles zugute kommen lassen: Küche und Badezimmer sind kleine Meisterstücke in Farbe und Form, der Eingangsportikus ist ein wunderlich überraschender Einfall für sich. Hier sind Schlüsselelemente des graphischen Designs wie Oberflächenmuster und Maßeinteilungen dazu eingesetzt, einen Raum radikaler als durch tatsächliche strukturelle Änderungen umzugestalten.

Das Haus der Cross-Haggertys war ursprünglich von der Faszination seines Besitzers durch die Architektur der 50er Jahre geprägt; übrigens ein allgemeines Phänomen der Kulturszene von Los Angeles, das sich schnell zu einem nationalen Trend ausgewachsen hat. Anstatt jedoch eine historisch getreue Sammlung von Möbeln und Kunstgegenständen jener Ära zu akkumulieren, verstanden sich die Bewohner in wachsendem Maße darauf, durch künstlerischen Einfallsreichtum unerwartete Stilbrüche zu kreieren. In ähnlicher Weise integrierte die Songschreiberin Allee Willis ausgewählte Stücke zeitgenössischer Möbel in ihre Wohnung, die bislang ein Kabinett von Objekten und Memorabilien aus den 50ern gewesen war. Andere Künstler wie Paul Fortune bevorzugen dagegen eine ironische Bildersprache, um designerisches Neuland zu betreten: Schaumgummi-›Steine‹ in Granitimitat scheinen durch das Schlafzimmer des Hausherrn zu poltern; dahinter steckt mehr als nur ein visueller Scherz: wohl nicht zuletzt auch ein Memento an das apokalytische Erdbeben, das stets durch die Kollektivpsyche der Kalifornier geistert.

Design-Möbel finden ein begeistertes Publikum unter den Künstlern und Architekten in Los Angeles. Künstler wie Peter Shire, Phil Garner und David Hertz, Architekten und Designer wie Frank Gehry, Grinstein/Daniels, Koning/Eizenberg, Brian Murphy, Lisa Lombardi und Michael

Das ›2-4-6-8‹-Haus in Venice (1979). Morphosis errichtete diese exquisit ausgeführte, pyramidenförmige Holzdecke über dem Innenraum. Das blaue Brett über dem Fenster entpuppt sich als ein elektrisch betriebener Ventilator.

Blick vom hochgelegenen Santa-Monica-Highway auf Petal House (1982) von Moss.

Indem er die Hausnummer – 708 – in kühnen Riesenzahlen an den Hauswänden zur Schau stellte, ironisierte Moss die Nachbarschaft des Hauses, einen ruhigen Wohnbezirk. Die Rückseite der Giebelattrappe mit ihrem hellblauen Punktmuster steigert den humoresken Effekt.

In diesem Wohnraum einer Santa-Monica-Villa von 1983 hat Brian Murphy eine Gruppe von langgezogenen Schränken, Bücherborden und einen Wandleuchter versammelt, die allesamt graphische Motive aus dem übrigen Haus wiederaufnehmen. Durch den gekachelten Durchbruch fällt der Blick in den Aufenthaltsraum, der im Art deco-Stil eingerichtet ist.

Tolleson, sie alle nennen Design-Möbel ihr eigen. Motiviert werden sie dazu in zweifacher Weise, einmal durch den designerischen Aspekt und zum anderen durch den handwerklichen Aspekt. Die Entwürfe dieser Interieurs und Möbel zeugen womöglich von einem noch größeren Interesse an den dekorativen Künsten und von dem Versuch, Architektur und Kunst wieder zu vereinen, nach einer über 50 Jahre währenden Zeit der Entfremdung, die aus dem Beharren des Modernismus auf den Prinzipien der minimalen Dekoration und dem Vorrang der Architektur resultierte. Die zuweilen wunderlichen Schöpfungen unter den neuen Interieurs darf man in vielerlei Hinsicht als Nachfolge der frühen Fantasy-Häuser in Los Angeles betrachten. Ob nun aus den Werken der Brüder Grimm (wie im ›Hexenhaus‹ in Beverly Hills) oder aus der Science-fiction-Welt zitiert wird (wie in John Lautners Chemosphere House), allen diesen Fantasy-Schöpfungen ist ein durchaus naiver Glaube an die Machbarkeit einer perfekten Welt gemeinsam. In den 80ern ist Naivität nicht länger ein Phänomen der Massenkultur. Die meisten Amerikaner sind heute sicher nicht mehr so unbedarft, wie sie das einst einmal waren. Und die jungen Künstler der Gegenwart besitzen ein wacheres Bewußtsein als ihre Mitmenschen für die enorme visuelle Überfrachtung an Bildern und Informationen, mit denen wir Tag für Tag bombardiert werden. Ihre witzigen, phantasievollen Arbeiten beinhalten oft eine Ablehnung jener allzu glatten, gefühllosen Welt der elektronischen Medien, in denen alle Fakten die gleiche unkritische Darstellung erfahren. Genauso, wie sich die Arts and Crafts-Bewegung in England als eine Reaktion auf die Mechanisierung durch die Industrielle Revolution verstand, so versuchen diese Künstler und Designer, die Artefakte unseres Alltagslebens zu retten, bevor sie endgültig in ein Vakuum der Bedeutungslosigkeit fallen. Wenn dieser Gedanke auch mit der momentanen Außenansicht der Architektur in Los Angeles nicht zu vereinbaren ist, der man das Streben nach einer gewissen harmoniesüchtigen Zeitlosigkeit nachsagt, so will ich doch daran erinnern, daß selbst die radikalsten Theoretiker in guter kalifornischer Tradition stets Pragmatiker waren – und wie oft gehen wir doch für drei Schritte vorwärts auch wieder einen Schritt zurück. Was an der derzeitigen Szene von L. A. so optimistisch stimmt, ist die große Nähe, in der alle diese so unterschiedlichen Kräfte miteinander arbeiten: Eine Atmosphäre des fruchtbaren Austausches und einer gemeinsamen Begeisterung ist dadurch entstanden. Das blendende Licht, die üppig wuchernde Pflanzenwelt und der Mythos von den unbegrenzten Möglichkeiten hat die Kreativen zu Beginn unseres Jahrhunderts inspiriert. Und auch die jungen Generationen von Architekten und Künstlern im Los Angeles unserer Tage, seien sie nun hier geboren oder zugewandert, können noch zupacken, wenn ihnen der Pioniergeist über den Weg läuft. (P. V.)

Diese ›50er-Jahre-Western‹-Einrichtung aus Metall, Kuhfell und Sammlerstücken wurde von der Künstlerin Kim Milligan für die Songtexterin Allee Willis entworfen. Der Betonsockel präsentiert sich mitsamt aller geologischen Einschlüsse, die mit zersplittertem Windschutzscheibenglas gefüllt wurden.

KAPITEL I

ZWEI ANBAUTEN

Das neue Architekturdesign in Los Angeles läuft dem in den letzten Jahren vorherrschenden Trend in Amerika zuwider. Die Abkehr vom konservativen Neohistorismus – allgemein als Postmodernismus bezeichnet – trug dazu bei, jenen Geist von Freiheit und Innovationsfreude wiederzubeleben, der zu Beginn dieses Jahrhunderts so weit verbreitet war und sich vor allem in den Architekturen von Wright, Schindler, Neutra und Eames manifestieren konnte.

Der Witz und die Frische der frühen postmodernistischen Projekte eines Robert Venturi haben dabei die schier endlos scheinenden Variationen desselben begrenzten Themas der letzten 20 Jahre nicht überlebt: Zu stereotyp war die Suche nach Fassaden-Motiven, die mühsam dem Zitatenreichtum der Architekturgeschichte entrissen wurden. Die Folge war Banalität: Zahllose, in Genügsamkeit verharrende Imitationen bevölkern das Land, vom Rathaus bis zum Fast-Food-Restaurant; und dabei vertrat doch der Postmodernismus, der sich einst von der Ostküste her ausbreitete, den Anspruch, die ›klassischen‹ historischen Stilrichtungen europäischen Ursprungs in die Gegenwart einzuarbeiten.

Die jungen, freidenkenden Architekten von Los Angeles schlugen einen eigenständigen Weg der Erneuerung ein, als sie den derzeit vorherrschenden Traditionalismus ablehnten. Ihr Interesse gilt nicht der Vergangenheit und auch nicht der Nachwelt. Verwandt scheinen sie eher den jungen zeitgenössischen Künstlern als traditionellen Architekten: Zitate aus der klassischen Vergangenheit sind eben in einer Stadt, die mehr als 8 000 Meilen von der Akropolis entfernt liegt, relativ bedeutungslos.

Insbesondere zwei Projekte vermochten das geballte Interesse der Medien und Kritiker auf sich zu ziehen. Das Gehry-Haus (1978) führte einer arglosen Öffentlichkeit die neue Bewegung vor und machte Gehry selbst, dessen Karriere bis dahin in durchaus etablierten, aber wenig beachteten Bahnen verlaufen war, mit einem Schlag berühmt.

Nur drei Jahre, nachdem britische Jugendliche damit begonnen hatten, ihr Aussehen radikal zu verändern, indem sie sich die Köpfe kahl rasierten oder einzelne Haarinseln zu wahren Lanzen auftürmten, ihre Kleidung zerfetzten und sich Sicherheitsnadeln durch die Gesichtshaut spießten, brachte das Gehry-Haus diese Punk-Ästhetik in die Architektur ein und forderte damit auch auf diesem Gebiet das Establishment heraus. Der Horror, der Eltern beim Anblick ihrer behüteten Sprößlinge überfallen mochte, als diese sich plötzlich in lebendige Symbole von Anarchie und Aggression verwandelten, war den Reaktionen der feinen Nachbarn in Santa Monica nicht unähnlich, als sie tatenlos zusehen mußten, wie sich Maschendraht und Wellblech, die Symbole der schmutzigen industriellen Nachbarschaft, um das Haus der Gehrys wickelten. Das Gehry-Haus ist sicherlich das anstößigste unter den neuen Häusern von Los Angeles; das Petal House von Eric Moss (1982) aber stellt den super-coolen Höhe- und Glanzpunkt aller Häuser und Interieurs dar, die Gehrys wagemutigen Ideen verpflichtet sind und durch sie inspiriert wurden. Moss setzte Gehrys Konzept auf dem neuesten Stand um: es ist voller Überraschungen, hat eine klare graphische Struktur und besitzt dennoch eine bis dahin nicht gekannte Eleganz. Im ganzen Petal House ist der handwerklichen Ausführung größte Sorgfalt gewidmet, und das auf einem so unerwartet hohen Niveau, wie man es von einer guten Werft erwarten würde. Zwar werden alltägliche, billige Baumaterialien benutzt, aber sie sind so bearbeitet, daß sie kostbar wirken. Beide Projekte waren als Anbauten für schon existierende Häuser konzipiert, die für sich selbst genommen so banal und durchschnittlich wirkten, daß sie die übliche Veränderung zu ihrer ›Neutralisierung‹ geradezu herausforderten: Sie verlangten geradezu nach einem Anbau als allein ernstzunehmende architektonische Aussage. Gehry und Moss aber gingen noch weiter, und es gelang ihnen, die alten Häuser nicht nur zu erhalten, sondern sie zu einem integralen Bestandteil des neuen Gesamtkonzepts zu machen. Nun kam den Objekten eine Aussagefähigkeit zu, die sie nie zuvor besessen hatten. Die Fähigkeit, das Alltägliche in eine nichtalltägliche ästhetische Konzeption einzugliedern, ist beiden Architekten gemeinsam, doch darüber hinaus erschloß Moss mit dem Petal House der Ästhetik neue Dimensionen.

Das alte rosafarbene Haus an einer Straßenecke wird kunstvoll von einer Collage aus Maschendraht, Wellblech und Panzerglas umschlossen.

Das Gehry-Haus

Der Architekt Frank Gehry und seine Frau Berta kauften das – nach Gehrys eigenen Worten – »öde kleine Haus« im Jahr 1977. Es handelte sich dabei um eines jener typischen Schindel-Häuser aus den 30er Jahren, die wohl jede amerikanische Stadt zieren. Da es in der damals existierenden Form zu klein war (die Familie besaß zwei Kinder), wurde ein Ausbau geplant, der 40 Prozent mehr Wohnfläche und eine Dachterrasse erbringen sollte. Gehry hatte keineswegs von Anfang an den Plan, gerade hier ein architektonisches Meisterstück zu schaffen, doch während der Arbeiten am Bau wurde das Projekt mehr und mehr zu einem Experimentierfeld jener radikalen Ideen, die man zu dieser Zeit in Gehrys Büro diskutierte. Und was lag eigentlich näher, als das eigene Haus des Baumeisters zum architektonischen ›Versuchskaninchen‹ zu erklären?

Als das Haus 1978 endlich fertig war, erhob sich unter den Nachbarn ein großes Geschrei; die Leute in dieser feinen Wohngegend fanden sich zweifellos schwer damit ab, in einem ›vorläufigen Bauzaun aus Wellblech‹ die endgültige Außenhaut des neuen Anbaus der Gehrys anzuerkennen. Und doch war ja das ›nette‹ alte Häuschen noch zu sehen – aber nun eingestrickt in Maschendraht und Glasflächen, die in einfach barbarischen Winkeln vom Hause abstanden! Beschwerden stapelten sich auf dem Schreibtisch der Bürgermeisterin (allerdings ohne Erfolg, denn sie erwies sich als Gehry-Fan), und schließlich sah sich Gehry selbst gezwungen, eine Kampagne in der örtlichen Zeitung zu starten, denn einer seiner wildesten Vorstadtkritiker ließ seinen Hund pünktlich an jedem Morgen sein Geschäft auf dem grünen Gehryschen Rasen verrichten ... Um die ›explosive‹ Lage zu entschärfen, veranstaltete Gehry bald Führungen durch sein Haus, die viele Nachbarn dazu veranlaßten, dem Konzept zumindest Verständnis – wenn auch nicht unbedingt Sympathie – entgegenzubringen.

Inzwischen hatte das Haus weit über die Grenzen von Santa Monica hinaus Aufmerksamkeit erregt. Es erschien in *Time, People* und im *New York Magazine,* ganz zu schweigen von den unzähligen internationalen Design-Zeitschriften, die es zu einem der wohl meist publizierten und berühmtesten Häuser aller Zeiten machten.

All das war jedoch nicht das Ergebnis einer bloß skandalumwitterten PR-Maßnahme in eigener Sache. Das Gehry-Haus, das 1979 den prestigeträchtigen Ehrenpreis des American Institute of Architects erhielt, beschritt tatsächlich einen kühnen, neuen Weg in der Architektur, bereicherte den Kanon um eine ganz neue Palette von Materialien samt deren Anwendung und brachte schließlich eine neue Freiheit in der Loslösung vom konventionellen Design.

Wie bereits erwähnt, liegt in der Aufwertung des Kernbaus einer der aufregendsten Vorzüge des Gehry-Hauses: Das ursprüngliche Gebäude erscheint keineswegs ›neutralisiert‹ – es gewinnt sogar an Bedeutung und wirkt wie ein ›Schrein‹ innerhalb der neuen Anbauten und tritt mit diesen in einen fruchtbaren Dialog. Indem Gehry den Originalaufbau bis hinunter zu den Holzbalken und Putzträgern freilegte, schuf er unter Einbeziehung des neuen Gebälks ein gemeinsames Fundament, das bewußt roh und nüchtern belassen wurde. Nachdem er Alt und Neu so harmonisiert hatte, wurden verschiedene additive Bauelemente wie Gesimse, Friese und Fensterrahmen angefügt, die für optische Abwechslung sorgten. An einigen Stellen beließ man das alte Holz so, wie es war, an anderen wiederum fiel die Entscheidung für eine rauhe Bearbeitung mit dem Sandstrahlgebläse. Das so zum Vorschein kommende Holz des Mammutbaums war in den 30er Jahren ein billiges und weitverbreitetes Baumaterial – heute dagegen ist es reiner Luxus.

Im Inneren des Gebäudes ist der Dialog zwischen Alt und Neu allgegenwärtig; sobald man das Haus durch den Eingang betreten hat, wird der Einlaß sogleich wieder verwehrt: durch eine zweite – die alte – Haustüre. Nun aber hat man die Wahl, entweder durch den alten Eingang den alten Wohnbereich zu betreten oder sich nach rechts zu wenden und ein paar Stufen hinunterzugehen, auf das Niveau der alten Straße, wo sich jetzt das neue Eßzimmer befindet. Dieser Raum liegt außerhalb des alten Gebäudes,

Hinter dem gut nachbarschaftlichen Pfahlzaun erhascht man einen Blick auf die neue Küche. Das Deckenlicht nimmt sich wie ein spitzkantiger Kubus aus, der eben mit dem Haus kollidiert ist.

Ein Frühstückstisch behauptet seinen Platz zwischen der Küche und der neuen verglasten Außenwand, die auf den Hinterhof hinausführt. An der Stirnwand des Raumes hängt über dem Tisch eine Arbeit von Charles Arnoldi: eine Konstruktion aus bemalten Ästen. Von dieser Ecke des Wohnzimmers aus fällt der Blick durch das alte Erkerfenster in die Küche hinein. Eine neue Außenwand bleibt zwischen den Balken sichtbar, die bei der Entfernung alter Mauern stehengelassen wurden.

Das durch das Geäst der alten Zeder über dem Deckenlicht einfallende Licht durchflutet die Küche.

dadurch kann man einen Blick durch die teils verglasten, teils offenen Fenster werfen. Um diese ›Freiluft-Illusion‹ noch zu steigern, sind Küche und Eßraum mit Asphalt ausgelegt – hier weht noch ganz der Geist der alten Straße.

Die Küche wird von dem alten Erkerfenster dominiert, dem einzigen herausragenden, vielleicht sogar ein wenig surrealen Element des alten Hauses. Um das alte Fenster schmiegt sich heute ein neuer Wandschrank; seine Glastüren spiegeln wie ein visuelles Echo die Glasfenster des alten Erkers. Als dramatisierender Kontrast fungiert das neue Deckenlicht, ein riesiger, gekachelter Kubus, der die Wohnregion förmlich in Helligkeit badet; flirrend fällt das Licht durch die Zweige einer alten Zeder, die sich so tief herunterbeugt, als sei sie gerade eben auf das Dach niedergestürzt.

Der alte Wohnbereich ist trotz seiner ›rauhen‹ Gebärde erstaunlich gemütlich. Von den neuen Anbauten umgeben und dadurch auf größere Distanz zur Außenwelt gesetzt, ist er sozusagen zum ›inneren Heiligtum‹ des Hauses geworden.

Das obere Stockwerk besitzt ein offenes Holzdeck, das von den Schlafräumen aus zu erreichen ist und so eine zusätzliche Balkonzone bietet. In den oberen Räumen ist die Decke entfernt: Der Raum schwingt sich bis zu den Dachsparren im offenen Dachstuhlbereich empor, der wiederum über eine Leiter von den Schlafzimmern aus erreichbar ist. Von hier kann man an klaren Tagen bis hinüber nach Catalina Island blicken.

Gehrys Vorliebe für Materialien, die von manchen seiner Berufsgenossen verschmäht werden, wird hier offenkundig. Die geknickten Flächen des Maschendrahtzauns wecken Erinnerungen an die Baseball-Spielfelder unserer Kindheit. Oben schützen sie die vor dem Kinderschlafzimmer liegende Terrasse und

Der alte Kamin verblieb intakt, die darüberliegende Wand wurde mit Sperrholz verkleidet.

Im Eßraum sind noch ein Paar Holzpfeiler zu sehen, die einmal die Ecke des alten Hauses abstützten. Links liegt der Eingangsbereich, von einer Skulptur bewacht, die neue Haustüre befindet sich ebenfalls auf der linken, die alte Eingangstür auf der rechten Seite.

schirmen sie nach außen hin ab. Eine besonders dramatische Wirkung erzielt Gehry durch die Freilegung verschiedener Schichten im Innern des Gebäudes: Einer seiner Kritiker hat einmal – nicht zu unrecht – diesen Kunstgriff als »strukturellen Striptease« bezeichnet. Holzbalken werden als das gezeigt, was sie sind: als Skelett eines Hauses – normalerweise verdeckt, doch wohl in fast jedem Gebäude von L. A. vorhanden, sei es nun im Tudorstil, im internationalen-, im spanischen-, französischen Provinz- oder im schottischen Baronialstil gehalten. Anstatt die Balken an den Fensteröffnungen unter Putz zu legen, bleiben sie im Gehry-Haus sichtbar, eingeklemmt zwischen zwei Glasschichten wie ein Sandwich.

Die Offenlegung des Baugerüstes und des Konstruktionsprozesses beinhaltet jedoch nur einen Ansatz des neuen Konzeptes; der Architekt macht sich diese Technik auch deshalb zunutze, um noch tiefgreifendere Wirkungen zu erzielen: Schichtung und Öffnung von Räumen, Schaffung ›zufälliger‹ und überraschender Raumerlebnisse. Hier spiegeln sich Gehrys Bezüge zur zeitgenössischen Plastik eines Donald Judd, Larry Bell oder Richard Serra wider, die ihrerseits ebenfalls mit Werkstoffen wie Holz, Stahl, Beton und Glas keine ›schönen‹ Objekte schaffen, sondern die innere Struktur und Beschaffenheit der Materialien selbst enthüllen wollen. Dieses Interesse für ursprüngliche Strukturen verleiht dem alten Haus eine Bedeutung, die es vorher nicht besaß. Lassen wir Gehry hier selbst zu Wort kommen: »Als wir mit dem Umbau begannen, baten mich die Leute: ›Bitte zerstören Sie dieses hübsche kleine Haus nicht, es ist sehr wichtig hier in der Nachbarschaft.‹ Und deshalb habe ich das Gefühl vermitteln wollen, daß es ja immer noch da ist, daß wir es gar nicht zerstört haben, daß wir es einfach nur ein wenig bedeutender gemacht haben.«

Dieses Fenster im Badezimmer stammt noch aus dem alten Haus und ist hier verspiegelt wiederverwendet worden. Der Übergang zur Wand ist absichtlich unverputzt belassen, so als habe man das Fenster mit roher Gewalt an seinen neuen Platz gezwungen.

Im Elternschlafzimmer ist die Decke entfernt worden, um den Dachstuhl offenzulegen, der über eine steile Leiter erreicht werden kann. Links öffnet sich ein Arbeits/Ankleidezimmer.

Den Außentreppen, die zum Gästehaus über der Garage führen, hat der Architekt Eric Moss durch das gefirnißte Holz und das weiße Tauwerk ein nautisches Aussehen verliehen.

Ein dreieckiger Swimming-pool beansprucht den meisten Platz auf dem relativ beengten Grundstück. Der neue Küchenanbau liegt links, dahinter ein nettes vorstädtisches Zitat: die Hundehütte. Vertikale Metalleitern führen zum Whirl-pool auf dem Dach.

Das Petal House

Das ursprünglich ebenfalls eher bescheidene Petal House wurde von dem Architekten Eric Moss entworfen und 1982 fertiggestellt. Es liegt in Rancho Park, einer kleinen, anonymen Vorstadtsiedlung in der Nähe von Westwood. Die Besitzer, Brad und Maritza Cuthbertson, wollten mehr Platz für sich und ihren zweijährigen Sohn haben; dies sollte vor allem mit einem größeren Wohnraum, einer geräumigeren Küche sowie einem neuen Elternschlafzimmer und einem Swimming-pool erreicht werden. Wie seine Nachbarn war auch dieser Bungalow ein typisches Produkt der 40er Jahre; dem Gehry-Haus vergleichbar, lag es an einer Straßenecke und besaß so zwei Schaufassaden. Moss behielt – wie Gehry – das alte Haus als Schlüsselelement des neuen Gebäudes bei.

Doch während Gehry die Strukturen seines alten Hauses aufgeweicht und teilweise zerstört hatte, bewahrte Moss den alten Komplex so, wie er war; er verstand ihn als eine Art ›Andockstelle‹ für seine Anbauten und verhalf dem alten Haus auf diese Weise zu ganz neuen Dimensionen. So ließ Moss beispielsweise die alten Dachrinnen fast unverändert die neue Küche durchlaufen, wo sie die Kühlschrankwand ›überdachen‹, während Lampen, die an ihrer Unterseite angebracht wurden, für die Beleuchtung sorgen.

Von der Straße aus hebt sich das Haus vor allem durch sein neues Obergeschoß von seinen Nachbarn ab, wobei dessen Massigkeit durch die schmalen Fensteröffnungen und aufrecht vom Dach emporstehenden ›Blütenblätter‹ noch verstärkt wird. Die Eingangstür weicht hinter die Vorderfront des Hauses zurück, die durch einen bereits vorhandenen Schlafzimmertrakt auf der linken und einer zaunbewehrten neuen Verandatür auf der rechten Seite gebildet wird. Die Haustür ist in schimmerndem Weiß gehalten und biegt sich konkav, um die Form der runden Eingangshalle dahinter aufzunehmen, über der sich eine kleine Kuppel wölbt. Die Treppen links von der Eingangshalle sind mit Teppichboden im Muster einer Klaviatur ausgelegt – ein Hinweis auf eine der

Das neue Obergeschoß ragt beinahe drohend über dem alten Gebäude auf. Seine schweren Massen, die durch die winzigen Treppenhausfenster noch betont werden, recken sich auf der linken Seite über das Unterhaus hervor und werden scherzhaft von einer zerbrechlichen Holzsäule in Schräglage ›gehalten‹. Die ›Blütenblätter‹ erwecken den Eindruck, als sei ein konventionelles Pyramidendach mit lautem Knall ›aufgeplatzt‹.

Die Eingangshalle präsentiert sich zylindrisch, optisch phrasiert durch die gewölbte Eingangstür und die Querstreifen, die diese Wirkung noch verstärken. Dahinter liegt das Treppenhaus.

hauptsächlichen Interessen Brad Cuthbertsons. Der Treppenaufgang selbst ist mit auf Hochglanz poliertem Sperrholz verkleidet. Diese Wand dient auch als architektonische Scheidewand, und anstatt ein an sich konstruktives Element zu verstecken, wird es von Moss durch den qualitativ hochwertigen Firnis in der exklusiven Verarbeitung altmeisterlicher Bootsbauerkunst erst so richtig akzentuiert.
Die schlichte und elegante Küche besitzt weiße Schränke mit kannelierter Oberfläche, die sich zentral um ein Fenster gruppieren, das einen Blick nach draußen auf den Pool gestattet. Der Raum ist dank eines großen Deckenfensters und eines Lichtgadens sehr hell. Das neue Elternschlafzimmer wartet mit je einem Bad für die Dame und für den Herrn auf, das jeweils von der entsprechenden Bettseite aus zu erreichen ist. Die Möglichkeit besteht jedoch, sich in einer gemeinsamen Dusche in der Mitte zu treffen. Von der Straße aus läßt sich dieser Bereich durch eine Reihe kleiner quadratischer Fenster ausmachen.

Oberhalb des Schlafzimmers öffnet sich das einfache alte Pyramidendach in überraschender Weise und gibt einen großen Whirl-pool frei. Dieser nur zu gern gezollte Tribut an ein unverzichtbares ›Muß‹ kalifornischen Lebensstils ist so konstruiert, daß man im Sitzen bequem auf den Santa-Monica-Highway und jenes riesige digitale Straßenschild blicken kann, auf dem Verkehrsinformationen in Reimform ablaufen. Jedes ›Blütenblatt‹ steht in einem anderen Winkel vom Dach ab: Ein vertikal ragendes verdeckt den Motor des Whirl-pools, ein anderes reckt sich vor und eignet sich ideal zum Sonnenbaden. Alle ›Blütenblätter‹ sind durch eine zweieinhalb Zentime-

Die neue Veranda auf der Frontseite ist mit Eisenstäben verzäunt, die man sonst für die Verstärkung von Betonkonstruktionen verwendet. Sie sind zwar hier aus Sicherheitsgründen angebracht, doch entwickeln sie ganz nebenbei auch ein überraschendes ästhetisches Potential.

Die Treppen nehmen sich im Design des Teppichbodens wie eine Klaviertastatur aus und stoßen links an die konstruktive Scheidewand aus Sperrholz, die unverdeckt gelassen, sorgfältig verarbeitet und poliert worden ist.

ter dicke Kordel miteinander verbunden: eine in der Tat spaßige Variante zum Thema ›Geländer‹, da die über Kreuz geführten Taue den Eindruck erwecken, als wollten sie die ›Blütenblätter‹ daran hindern ›wegzufliegen‹.

Moss hat die klare Scheidung zwischen alter und neuer Bausubstanz immer gewahrt. Die einzige ›Übergangszone‹ wird von einer Art Zwischengeschoß aus Sperrholzpaneelen gebildet (das ist nötig zur Erdbebensicherung), das sichtbar mit Nägeln gespickt ist, die ein ›Normaleigner‹ üblicherweise an der Innenseite kaschiert hätte. Dieses Zwischengeschoß dient auch dazu, das neue Obergeschoß von dem ursprünglichen Gebäude visuell abzusetzen; ein ›Trick‹, der auch am Gästehaus über der Autogarage angewandt worden ist. Wir haben hier ein gutes Beispiel für eine Schmuckform, die sich aus immanenten baulichen Notwendigkeiten ergibt und nicht einfach aufgesetzt wirkt, wie dies bei vielen postmodernistischen Schmuckformen sonst der Fall ist.

Im früheren Haus Nummer 708 hat Moss die typische Vorstadtbauweise verspottet, indem er die Motive eines Attrappengiebels und einer banalen Hausnummer überdimensional ironisierte; dabei entwarf er zudem einen unechten Strebepfeiler als architektonisches Ausrufezeichen. Solche Vorliebe für ein ›non sequitur‹ treibt auch im Petal House manchen Schalk: Die elegante Säule, auf der eine ganze Seite des Hauses zu lasten scheint, trägt bei näherem Hinsehen lediglich die Treppe, man schmunzelt über das verflochtene Tauwerk an der Dachbalustrade, die gekrümmte Eingangstür, von den ›Blütenblättern‹ ganz zu schweigen. Diese und andere dezente visuelle Scherze machen das Haus zu einem unverwechselbaren Unikat.

Unterhalb eines kleinen Lichtgadens stoßen die alten Dachrinnen durch den neuen Küchenraum. Lampen an ihrer Unterseite erleuchten die Kühlschrankwand.

Das bunte Muster dieser Fliesen im Duschraum des Untergeschosses erinnert an die Kachelwand an der Stirnwand des Swimming-pools (siehe S. 59).

Das Elternschlafzimmer hat hinter dem Bett je einen separaten Baderaum für den Herrn und die Dame, die sich in der Mitte in einer gemeinsamen Dusche treffen. Der Nachttisch stellt eine Arbeit von Peter Shire dar.

Der Wohnraum, der über dem Kamin ein Gemälde von Annie Kelly als Blickfang präsentiert, empfängt durch das Deckenfenster noch zusätzliches Licht. Hinter dem kleinen Tischchen von Peter Shire liegt der Eßbereich.

DISCOTECA
REVISTAS y TARJETAS.
DISCOTECA
LIBROS
REVISTAS
TARJETAS
TAPES
LIBROS
Y REVISTAS
TAPES
DISCOS
CASSETTS

Die Reihe der Küchenschränke wird durch ein kleines Fenster aufgelockert, das einen Blick auf den Pool freigibt.

Stühle und Tisch von Peter Shire stehen im Eßraum, dessen Decke von leicht abgewinkelten Holzbalken gebildet wird.

Wie ein Blütenkelch scheint sich das Dach um den in der Mitte liegenden Whirl-pool zu öffnen. Zwischen den ›Blütenblättern‹ ergeben sich Aussichten auf die Stadt, die Berge und den nahegelegenen Santa-Monica-Highway. Die ›Spitzenbalustrade‹ aus weißem Tauwerk scheint die Blütenblätter am Davonfliegen hindern zu wollen.

KAPITEL 2

VENICE

Venice hat eine bunte Geschichte; sie beginnt mit den grandiosen Träumen des Bodenspekulanten Abbott Kinney, der das Areal 1905 als Bauland erschloß und die Bebauung so genau wie möglich an das europäische Originalvorbild anlehnte: Kanäle durchziehen das Gebiet (unter anderem auch ein Canale Grande, der eine Meile lang ist), und für die Eröffnungsfeierlichkeiten wurden sogar italienische Gondolieri importiert. Eine arkadengesäumte Hauptstraße – im venezianischen Stil – führte früher hinüber zur Uferpromenade mit den gigantischen Vergnügungspiers und -parks, und eine gut funktionierende Straßenbahnlinie verband Venice mit dem Rest von Los Angeles.

Doch der italienische Traum fiel Ölbohrungen und einem jahrzehntelangen Verfall zum Opfer; an ihn erinnern heute nur noch einige Kanalzüge und ein Stückchen der arkadengesäumten Hauptstraße auf der Windwark Avenue und der Marktstraße. Im Jahre 1958 erlebte Venice eine kurze Blütezeit, als Hollywood in die Niederungen herunterstieg: Auf dem Speedway, einer parallel zur Uferpromenade verlaufenden Allee, drehte Orson Welles die berühmte Eröffnungssequenz von *A Touch of Evil*. Dies war allerdings nicht gerade dazu angetan, das Selbstwertgefühl von Venice zu heben, stellte es im Film doch die schäbige Grenzstadt von Tijuana in Mexiko vor.

1974 schlug der Plan fehl, große Teile von Venice als Ausläufer des ausgedehnten Mittelklasse-Wohnviertels Marina zu sanieren. Da man die Bulldozer nun nicht mehr zu fürchten hatte, entwickelte sich schnell ein Grundstücksboom. Viele Mitglieder der Hippie-Gemeinde wurden nun auf wundersame Weise zu Grundstücksspekulanten und mauserten sich recht bald zu Millionären. Alte Bruchbuden und schäbige Apartments protzten mit neuen Fassadenanstrichen, und was einst schlicht baufällig gewesen war, wurde auf einmal ›schick‹.

Heute will offensichtlich jeder direkt am Meer wohnen. Am Strand ist die Luft besser und das Klima gemäßigter – Tatsachen, die, wie es scheint, Grundstückspreise rechtfertigen, die denen von Beverly Hills fast in nichts nachstehen; und das in einem Viertel, das teilweise noch ziemlich verkommen und liederlich aussieht. Unter den Bewohnern des ›neuen‹ Venice haben sich heute viele Künstler und Architekten aus Los Angeles versammelt. Doch in Wirklichkeit ist Venice schon länger ein Künstlerviertel gewesen, es verdankt dies den niedrigen Preisen für Atelierraum in den ehemaligen Industriehallen, seiner unmittelbaren Strandnähe, die zum Surfen einlädt, und seiner ›Boheme-Atmosphäre‹.

Das Architekturbüro von Gehry & Co liegt direkt hinter der Strandpromenade im ehemaligen Studio des Künstlers Charles Arnoldi. Auch der Architekt Steven Ehrlich lebt und arbeitet in Venice, sein Büro, an der Marktstraße 72, befindet sich neben der Eingangstür eines Restaurants, genau unter einem echt neo-venezianischen Arkadenbogen von Abbott Kinney.

Venice ist darüber hinaus zur Heimstatt der Filmleute und Yuppies geworden, die durch einen Gemeinschaftsgeist, der stärker als überall sonst in der Stadt entwickelt ist, und durch das gesunde Strandklima angezogen werden. Diese Leute sind es wiederum, die sich als ideale Kunden für die radikalen Architekten der Gegend erwiesen haben.

Das gesellschaftliche Leben spielt sich vorwiegend in den Bars und Restaurants ab: in der Marktstraße 72 (entworfen von Morphosis) gilt dies vor allem für das ›West Beach Café‹ und ›Rebeccas‹; letzteres gibt sich als Restaurant im neo-mexikanischen Stil, dessen architektonische Konzeption von Frank Gehry entworfen wurde. In diesen Restaurants kann man sich ›wie zu Hause‹ fühlen oder an den wirbelnden Vergnügungen der Künstler-Café-Gemeinde teilnehmen. Diese Café-›Gemeinde‹ ist ein soziales Phänomen der 80er Jahre, das an das elegante Nachtleben der 30er Jahre anzuknüpfen scheint. Es macht wieder Spaß, dem allgemeinen Trend zu folgen, d. h. man macht sich in eigenwilligem Stil stadtfein, man geht aus, um zu sehen – und gesehen zu werden. Das Bar-Restaurant ist zum Lieblingstreff geworden; hier kann man eine Kleinigkeit essen oder einfach nur einen Drink nehmen und unter Leuten sein. In dieser informellen ›Cocktail-Party-Atmosphäre‹ kommen die Architekten und Künstler mit ihren potentiellen Kunden zusammen.

Venice besteht hauptsächlich aus kleinen Wohnstraßen mit Bungalows aus den 20er Jahren. Dahinter erstrecken sich abwechslungsreiche, schmale und teilweise noch ungepflasterte Alleen mit Ebereschen,

Bei diesem Blick über die Dächer kann man gut erkennen, wie das winzige, aber ins Auge fallende Fenster des 2-4-6-8-Hauses das schlichte Profil optisch vergrößert.

Von der Allee über den kleinen Gartenzaun gesehen, präsentiert sich hier der Eingangsbereich, dessen beherrschendes Element in einer dreidimensionalen Wiederholung der Fensterform besteht.

gesäumt von Abfallbehältern, Graffitis, Garagen und Hochspannungsleitungen. In den Hinterhöfen dieser kleinen Gebäude, deren Rückseiten auf die Alleen hinausgehen, hat Morphosis eine Reihe kleiner, aber charakteristischer Häuser gebaut.

Die vier Häuserblocks direkt hinter der Uferpromenade sind wieder anders strukturiert; hier gibt es keine Vorgärten oder Hinterhöfe, hier dominiert das Alleensystem. Viele Grundstücke, die ursprünglich für kleine Strandhäuser gedacht waren, platzen nun mit ihren Blocks aus Eigentumswohnungen förmlich aus den Nähten: Man hat in die Enge so viel Wohnraum hineingequetscht, wie es der Bebauungsplan nur irgend erlaubte. Das Ergebnis ist eine Tokyo-ähnliche Häuserdichte, die zu einer zufälligen, unschönen Besiedlungsstruktur zusammengewürfelt wurde, dabei fehlen die für Los Angeles so typischen Gehsteige mit ihren Grünanlagen. In diesem Teil von Venice entstanden die Gehry-Häuser für die Familien Spiller und Norton. Direkt dahinter liegt ein Bezirk mit rassengemischter, teilweise hochkrimineller Bevölkerung, genannt ›das Ghetto von Venice‹, das wiederum von Mittelklasse-Wohngebieten umgeben wird; letztere schlagen immer häufiger Schneisen in das Ghetto, das so etwas wie das letzte wirklich billige Wohngebiet der Westside darstellt.

Die Alleenhäuser

Mike Rotondi und Thom Mayne von der Firma Morphosis haben eine Anzahl von kleinen Hinterhof-Anbauten – Studios und Gästehäuser – entworfen, die sorgfältig in die intakte Wohnstruktur dieser für Venice so typischen Alleen integriert worden sind. Das 2-4-6-8-Haus war das erste dieser Reihe; es wurde 1979 entworfen und besteht aus einem Kubus mit Pyramidendach, der gekonnte Schlichtheit mit komplexem Detailreichtum verbindet. Gedacht ist das Haus als ein Ort der Besinnung, wo man musizieren und der Zen-Philosophie nachgehen kann. Der Name bezieht sich auf die Maße der einzelnen Fenster in ihrem Größenverhältnis zueinander – von ›ganz klein‹ bis ›riesig groß‹; je nachdem, wo der Betrachter steht, variieren die Fenster optisch die Größe des Gebäudes.

Das kleinste der vier Fenster auf einer Seite des schlichten Kubus – hier vom Innenraum aus gesehen.

Das 2-4-6-8-Haus liegt im Hintergarten eines Strandhäuschens aus den 20er Jahren und gehört John Sale, einem Software-Designer von IBM. Rotondi und Mayne haben den Bau über einer Garage errichtet. Von hieraus blickt man auf eine typische Allee von Venice, die den romantischen Namen ›Amoroso Platz‹ trägt. Verkleidet ist das Haus mit Materialien, die Zitate aus der unmittelbaren Umgebung des Häuschens aufnehmen.

Die Eingangstür ist exakt in einen Gebäudevorsprung eingepaßt, der sich vor dem größten der vier Fenster befindet. Im Inneren macht der Raum einen luftigen und heiter gelassenen Eindruck; er besitzt eine exquisit gefertigte Holzdecke und ist mit einem gedeckt grauen Teppichboden ausgelegt. Die hoch angebrachten Fenster garantieren die gewünschte Atmosphäre stiller Zurückgezogenheit, schließen die umliegenden Häuser aus dem Sichtfeld aus und erlauben statt dessen einen Blick auf Palmen und Himmel. Diese Fenster sind als komplizierte Organismen entworfen, die man auf einen sonst recht einfachen Kastenbau aufgesetzt hat. Der Mechanismus dieser Fenster wird über eine große und zunächst ziemlich verwirrende Bedienungstafel am Eingang gesteuert. Die Fenster besitzen doppelte Verglasung, außen schweben metallene Jalousien, und dem Außenrahmen ist ein gelbes Fensterkreuz aufmontiert; auf Knopfdruck öffnen und schließen sich die Blenden oder sie rollen sich vollständig auf. Über den Fenstern befinden sich blaue, elektrisch zu bedienende Ventilatorenklappen, die in ihrem Design einer genau bedachten Funktionstrennung entsprechen. So sehen die Teehäuschen der 80er Jahre aus!

Venice III, das zweite Alleenhaus-Projekt von Morphosis, wurde 1985 abgeschlossen und kommt einem vollständigen Haus am nächsten. Es wurde einem hübschen kleinen Bungalow aus den 20er Jahren hinzugefügt (der Auftrag wurde von Anne Bergren, Professorin für antike Sprachen an der Universität von Kalifornien, erteilt) und enthält ein Arbeitszimmer, ein Schlafzimmer und ein Bad, wobei Bibliothek und Wohnraum kombiniert sind.

Die neue ›Wohn-Bibliothek‹ ist durch die Küche zu erreichen und wird von einem Lichtbrunnen erhellt, der sich neben den Treppen durch das ganze Gebäude zieht: Das Licht fällt so vom Dachfenster bis in das Erdgeschoß hinein. Französische Türen öffnen sich auf einen kleinen Rasen hinaus. Unterhalb der Treppen liegt, fast im Souterrain, das kleine Arbeitszimmer. Darüber erreicht man auf einem Zwischenabsatz das Bad, und das luftige Schlafzimmer gibt den Blick über die Dächer der Umgebung auf die Berge von Santa Monica frei.

Die Fassade des Hauses ist teilweise mit Asphaltschindeln verkleidet, dem bevorzugten Baumaterial der neuen Architektur in Venice. Die Verkleidung gliedert sich in drei turmförmige Strukturen: Zwei ziehen sich an dem Gebäude hoch und werden von Dachfenstern abgeschlossen, die dritte umfaßt das Arbeitszimmer mit dem darüberliegenden Bad und wird von einer Dachterrasse bekrönt. Die Dachfenster werden vor der Sonne durch zeltähnliche Konstruktionen geschützt, die durch ein System aus Tauen und Flaschenzügen, als Achse dienenden Baugliedern aus Kompressionsstahl und Gegengewichten aus Beton, befestigt sind; das Ganze stellt jedoch wohl eher ein Konzept bildhauerischer Ästhetik als eine echte Zweckmäßigkeit dar. Ab und zu müssen die Segeltuchplanen in einer wahren Staatsaktion ausgewechselt werden, und das verlangt dann immer einen technischen Hilfseinsatz der Architekten, was natürlich für beide Seiten nicht sonderlich praktisch ist.

Für den möglichst kostensparenden Umbau eines kleinen Strandhäuschens in Venice konzentrierte sich Fred Fisher ganz auf Effekte, die er durch die Strukturierung von Oberflächen erzielte. Decken wurden entfernt und Dachfenster eingebaut, so daß die Räume selbst an nebligen Tagen hell bleiben.

Die Küchenschränke wurden mit Zolatone eingesprayt, einem haltbaren Industrielack, den es in unendlichen Varianten und Farben gibt. Der hier verwendete Lack, »Papiergranit«, wie Fisher ihn nennt, ist grau gesprenkelt. Fußboden und Treppen sind mit Venyl im Stil der 50er Jahre ausgelegt. Den Höhepunkt jedoch bildet zweifellos der mit Marmor ummantelte Kamin, der dem ganzen Projekt einen Hauch von Luxus verleiht.

Das größte der vier Fenster ›8‹, ist architektonisch mit der Eingangstür zu einem Element verbunden.

◀ *Die ›Wohn-Bibliothek‹ von Venice III ist von allen Seiten in Licht gebadet. Die Treppen, die zum Schlafzimmer hinaufführen und von einem großen Deckenlicht überkront werden, dienen als Lichtschacht. Unter der Treppe befindet sich ein kleines Arbeitszimmer, darüber ein Bad. Französische Türen führen zu einem kleinen Garten auf der rechten Seite des Hauses.*

◀ *Venice III, Gewinner des AIA Ehrenpreises im Jahre 1986, ist ein Erweiterungsbau an der Rückfront eines Bungalows aus den 20ern; die außergewöhnliche Form des Anbaus wird von einem segelähnlichen Sonnendach beschirmt. Rechts vom luftigen, geräumigen Schlafraum öffnet sich ein Balkon. Ein Schrank hinter dem Bett dient als Raumteiler.*

Um diesen luftigen Raum zu schaffen, entfernte Fred Fisher Wände und Decken; beleuchtet wird er von Deckenfenstern; ungewöhnliche Raumgliederungen schaffen einen lebendigen Eindruck. Der Couchtisch besteht aus einer Onyxplatte, die auf einem kunstvoll zusammengekrumpelten Bleiblech ruht.

Der Anziehungspunkt des ganzen Raumes ist der Kamin, umgeben von versetzten Platten aus rosafarbenem Marmor und blauem Granit.

Die Studios auf der Indiana Avenue sind eine beeindruckende bauliche Ergänzung im rassengemischten Ghetto von Venice, dessen Bebauung vor allem aus einer Vielzahl niedriger Bungalows besteht.

Indiana Avenue

Die drei Studios an der Indiana Avenue, die Frank Gehry 1981 für eine Gruppe von in Venice ansässigen Künstlern entwarf, stellten damals ein richtiges finanzielles Wagnis dar. Sie wurden als ›leere Hüllen‹ gebaut, in die dann die Käufer Küchen, Bäder und Einrichtungen einfügen konnten, die ihrem persönlichen Geschmack entsprachen. Die Indiana Avenue führt mitten durch das Ghetto, und dieser Gebäudekomplex wirkt im Verhältnis zu seinen niedrigen Nachbarbungalows ausgesprochen wuchtig. Um dies – zumindest vom Konzept her – ein wenig zu kompensieren, hat jede Wohneinheit ein überdimensionales Bauelement erhalten, das optisch verkleinernd wirken soll: einen holländischen Dachgiebel, einen Schornstein und einen Treppenaufgang. Jedes dieser Elemente ist wie eine Riesenbrosche an die Fassade ›geheftet‹ und vermag so den ansonsten eher unscheinbaren Baueinheiten eine gewisse Persönlichkeit zu verleihen. Um darüber hinaus die Individualität einer jeden Baueinheit zu erhöhen, sind alle Fassaden verschieden gestaltet worden: Die zur Straße gelegene ist mit grünen Asphaltschindeln verkleidet, die dahinterliegende mit naturbelassenem Sperrholz, und die letzte schließlich ist hellblau verputzt.

Das Äußere der an der Straße liegenden Wohneinheit ist mit Asbestschindeln verkleidet; ein weiteres bemerkenswertes Charakteristikum stellt die ›Treppe‹ dar, die wie eine riesige Brosche der Fassade angeheftet scheint. Das Innere zeigt die offengelegte Holzkonstruktion der anderen ›Treppe‹ auf der Frontfassade.

Das Innere der mittleren Wohneinheit, das Studio der Künstlerin Anne Pixley, die als erste eines der drei Objekte bezog. Hauptattraktion des Raumes sind die beeindruckenden Fenster, die in verschiedenen Höhen angeordnet wurden.

Das Hopper-Studio

Nachdem sie drei Jahre lang leer gestanden hatte, wurde die hellblau verputzte Einheit endlich an den Schauspieler Dennis Hopper verkauft, der darauf Brian Murphy engagierte, um den leeren Kasten in ein komfortables Apartment zu verwandeln. Murphy zog zunächst einen Zwischenboden in das sechseinhalb Meter hohe Gebäude ein, der über eine rohgezimmerte Holzleiter erreicht werden kann; hiermit spielte er ganz bewußt auf Strukturen an, die Gehry selbst innerhalb des Komplexes bereits verwendet hatte. Das Schlafzimmer, links von der Treppe, befindet sich über den neugeschaffenen Räumen von Küche und Badezimmer. Der Zwischenboden setzt sich nach rechts fort, wo ein Balkon sich dramatisch über den Studioräumen brüstet, dessen Bodenfläche aus feinmaschigem Draht den freien Lichtfluß zur darunter gelegenen Zone nicht behindert. Vom Balkon blicken grausig drei lebensgroße Pappmaché-Figuren aus der Tradition des mexikanischen Totensonntags herab, die, in Conquistadorenkostüme gekleidet, einen Schreibtisch bewachen.

Der Eßtisch ist als ›Markenzeichen‹ Brian Murphys ein charakteristisches Einrichtungsstück, mit dem er die meisten seiner Kunden beglückt hat. Ein Murphy-Leuchter, der Tivoli-Lampen nachempfunden ist, hängt vom Dachrand herab. Der ›holländische Giebel‹ prägt die Außenansicht und beherbergt im Innern eine einfache, funktionale Küche, die mit karierter Formica ausgekleidet ist.

Das Apartment ist mit soliden antiken Möbeln ausgestattet, die Hopper von einer seiner früheren Wohnstätten, dem Palais von Mabel Dodge Luhan in Taos, mitbrachte. Belebt werden die Räume zudem durch Hoppers Kunstsammlung, die sich mit Werken von Bruce Conner, Andy Warhol, Marcel Duchamp, Ron Cooper, Robert Irwin und Laddy Dill sowie mit Fotografien und Gemälden eigener Provenienz präsentiert.

Drei mexikanische Totensonntagsfiguren halten, in Conquistadorenkostüme gekleidet, Wache über einem kleinen Schreibtisch auf Hoppers Galerie. Die Duschnische aus Glasbausteinen ist in der hinteren Ecke zu sehen.

Der Blick durch den Wohnbereich zeigt auch die Treppen, die zu der Galerie und zum Schlafraum hochführen. Die rohgezimmerte Holzausführung entspricht Gehrys ursprünglichen Konzepten.

Die Duschwand stößt in den Wohnbereich vor und liefert durch ein dahinterliegendes Außenfenster zusätzliches Licht – die Variation eines Themas, das schon in Murphys zuvor entstandenem Dixon-Haus anklingt.

Die Außenansicht des Dixon-Domizils ist rundum ›verkleidet‹, und zwar mit Dachpappe – auch vor den Fenstern – sowie mit Graffitis. In der Mitte liegt die Eingangstür. Hinter Trennwänden verdeckt steht der Eßtisch, dessen Glasplatte auf drei Ziegeln ruht, die wiederum von drei Betonpfeilern gestützt werden.

Das Dixon-Haus

Los Angeles ist bekannt für seine nicht gerade sensiblen Häuser im Stil der ›Ich-bin-wer‹-Mentalität. Doch das Dixon-Haus bildet hier in jeder Weise eine Ausnahme: Eine schwer einzuordnende Fassade – mit Graffitis und mysteriösen Fensterattrappen, die vollständig mit Schindeln aus Teerpappe verklebt sind – ist alles, was von der ebenfalls nicht gerade einladenden Straße aus zu sehen ist.

Der Besitzer, Philip Dixon, ein junger Modefotograf, kaufte den Bungalow und einen daran angrenzenden verlassenen Eckladen, weil es das einzige zum Verkauf stehende Objekt in Strandnähe darstellte. Da der Komplex in der Mitte des Ghettos lag, schien es nicht ratsam, gerade hier mit einem architektonischen Meisterwerk Aufsehen zu erregen. Man entschloß sich darum, das ›heruntergekommene‹ Profil zu erhalten, und überließ es im übrigen den Straßenbanden, die ›Verkleidung‹ mit Graffitimalereien zu vervollständigen.

Brian Murphy war es, der mit der äußeren und mit der inneren Umgestaltung des Hauses beauftragt wurde, zeichnen sich doch gerade seine Problemlösungen stets vor allem durch die Schaffung dramatischer Kontraste zwischen Außen und Innen aus. In dem Moment, da sich die mit Stahlgittern verkleidete Haustüre öffnet, tut sich dem Gast eine vollkommen andere Welt auf: Die von einem Deckenlicht erhellte Halle strahlt in makellosem Weiß; der Fußboden aus Metallgittern scheint über einer Schicht aus weißen Kieseln zu schweben. Am Ende der Halle funkeln zwei Türen aus rostfreiem Hochglanzstahl – beide ohne Türknauf, nur mit Schlüssellöchern versehen –, von denen die eine ins Studio, die andere ins Haus hineinführt.

Die Abneigung des Besitzers gegen die Gegenstände des täglichen Luxus – Bücher, Möbel, Fernseher, Stereoanlagen, ja selbst Zeitschriften – zwang Murphy zu einem absolut nüchternen Innenraumdesign mit ungewöhnlichen architektonischen Elementen und perfekt unterkühlter Ausstattung. Eine gewisse Kargheit ist damit vorherrschend: Die Wände sind kahl, nicht einmal durch Fenster oder Bilder unterbrochen. Die Decke ist herausgenommen worden, um den Dachraum freizugeben. Gespannte Drahtseile tragen den statischen Druck der Gebäudeteile von Wand zu Wand. Einbruchsichere Deckenlichter sorgen für ein wundervoll weiches Licht. Der Kamin aber formt sich zu einer atemberaubenden Komposition, die vor einen verglasten Wandabschnitt gesetzt ist; der ganz gewöhnlich aus einem Katalog georderte Ofen wird von einer Blockkonstruktion aus durchsichtigem Onyx überragt, den Murphy auf einer seiner Reisen gefunden hat. Der verglaste Wandabschnitt ist von Mauerstäben durchzogen – auch dies geschah aus Sicherheitsgründen –, die sich in dem niedrigen Murphy-Tisch, einer Komposition aus Holzgestell und Panzerglasscheibe, wiederholen.

Weitere ungewöhnliche Bauformen ziehen die Aufmerksamkeit auf sich: Paarweise hintereinander gestellte Innen- und Außentüren aus rostfreiem Stahl, die in den Innenhof führen; ein Eßbereich, der zur Hälfte hinter Balken und Trennwänden versteckt ist, führt hin zu einer kleinen Küche. Die Glasplatte des Eßtisches ruht auf drei Ziegelsteinen, die wiederum auf drei Betonpfeilern aufliegen. Die Anstaltstühle aus Aluminium sind heißbegehrte Sammlerobjekte aus den 40er Jahren. Die Küche wird jedoch, da der Besitzer meist auswärts zu speisen pflegt, wenig in Anspruch genommen.

Im Schlafzimmer korrespondiert eine Badewanne aus Glasbausteinen mit einer Außenwand aus eben demselben Baustoff; da sich die gläserne Wannenwand direkt gegenüber dem Bett erhebt, fungiert sie gleichsam als Fenster. Das Bett selbst besteht aus einer Tatami-Plattform, die von einem geglätteten Betonrahmen gehalten wird. Der Schlafraum ist zweigeteilt: Ein Tragebalken, auf dem das statische Gewicht des großen Dachraumes ruht, verläuft oberhalb des Daches; im Inneren des Hauses sind an seiner Unterseite die Deckenbalken aufgehängt, um das attraktive Schmetterlingsprofil der Decke in keiner Weise zu beeinträchtigen. Der Tragebalken setzt sich über die Seitenwände des Hauses hinaus nach draußen fort und bildet so einen Strebepfeiler.

Eine Hecke aus Pinien und Zedern, die wegen ihres raschen Wachstums ausgewählt wurden, verschafft dem Hof eine private Abgeschlossenheit. Das Holzdeck, dessen Form der Geometrie des Hauses entspricht, schwebt über einem Bett aus grauen Kieseln. Die Unterhaltungskosten sind niedrig: Der Bewuchs aus verschiedenen Gräsern wuchert unbehelligt vor sich hin und wird nie beschnitten. Der Hof selbst entspricht in seiner friedvollen Gelassenheit vollkommen dem übrigen Haus: Gemeinsam bilden sie, ganz nach dem Wunsch ihres Besitzers, eine Oase der Ruhe.

Im Zwielicht fällt der Blick von draußen auf die Wand hinter dem Kamin und das außen verlegte Holzdeck.

Die einfallsreiche Badezone am einen Ende des Schlafzimmers dient nicht zuletzt der zusätzlichen Beleuchtung des Raumes.

Ein minimalistisches Schlafzimmer: Das Tatami-Bett ruht auf einem leicht erhobenen Betonrahmen; es liegt dem Badebereich gegenüber und besitzt exakt dessen Ausmaße. Ein großes, vergittertes Deckenfenster taucht den Raum in ein sanftes Licht.

Vom Holzdeck im Freien aus gesehen versteckt diese Wand aus Glasbausteinen überraschend den Baderaum im Inneren. Die Ausfertigung ist überall pragmatisch und von betontem ›Understatement‹ geprägt.

Im Wohnraum wirkt der einzige Sessel wie eine Skulptur. Der kleine Koch- und Eßbereich befindet sich links. Die von oben erhellte Eingangshalle, die durch eine Tür aus rostfreiem Stahl betreten wird, weist auf eine ähnliche Tür, die zu Dixons Studio führt. Das Gemälde stammt von Pat Patterson.

Der Kamin stellt eine erstaunliche Komposition dar, die vor einem verglasten Wandabschnitt plaziert wurde.

VOGUE

KAPITEL 3

HOLLYWOOD

Hollywood bringt noch einmal all das, was den Mythos von Los Angeles ausmacht, auf den Punkt: Sonne, Palmen, die graphische und einzigartige ›hockneyeske‹ Stadtlandschaft, exotische Architektur und amüsanten Kitsch am Bau und in den Institutionen. Der unangefochtene Mittelpunkt der Kaffeehaus-Boheme von Los Angeles besitzt die stilvollsten Restaurants und Kunstgalerien und die exklusivsten Boutiquen der ganzen Stadt, die sich alle an den Avenuen von La Brea und Melrose und am La Cienega Boulevard versammelt haben. Die Mieten sind nicht überhöht, und zentral wohnt man hier ebenfalls. Zudem besitzt das Viertel eine ausgeprägte Persönlichkeit, Charakter und Selbstbewußtsein; Qualitäten, die man überall sonst in der Stadt eher vermißt.

Hollywood hat schon in früheren Zeiten eine kosmopolitische Gemeinde von Künstlern, Architekten und Schriftstellern angezogen. Seit den frühen 20er Jahren bis zu seinem Tod im Jahre 1953 lebte und arbeitete Rudolph Schindler in seinem historischen Haus an der Kings Road in West-Hollywood, für dessen Renovierung kürzlich von der Stadt West-Hollywood ein Fond eingerichtet wurde. An der Kings Road wohnten übrigens vorübergehend auch Theodore Dreiser und Aldous Huxley. Man Ray lebte in Hollywood, und auch Ed Ruscha und David Hockney sind bereits seit Jahren alteingesessene Hollywood-Bürger. Topographisch zerfällt Hollywood in zwei verschiedene Regionen, das Hügel- und das Flachland. Das letztere, gegen Süden gelegen, beherbergt die weniger glamouröse Wohngemeinde, die ihr Areal mit kommerziellen Unternehmen teilt. Ihre breiten, dicht von Laub beschatteten Straßen sind von schmucken kleinen Häuschen gesäumt, während in anderen Straßenzügen nette Vorgärten vor sich hinträumen, hinter denen sich Tonstudios, Produktionsstätten und die Büros der Film-, Fernseh- und Musikbranchen angesiedelt haben.

Westlich dieser Region liegt ein kleineres Gebiet, das seit jüngstem selbständige West-Hollywood, das sich zwischen Hollywood und Beverly Hills drängt. Hier schlägt das Herz der möbel- und designherstellenden Industrien, beherrscht von Cesar Pellis riesigem Pacific Design Center, das oft »Der Blaue Wal«

genannt wird; dies ist ein Gebiet mit bemerkenswert romantischen Apartmenthäusern aus den 20er und 30er Jahren, deren Stilkonglomerat von französischer Gotik bis zur Art deco reicht. (Die Villa von David James, die in diesem Kapitel vorgestellt wird, befindet sich in diesem Bezirk.) Näher an Beverly Hills liegt der Decorator District mit seinen niedlichen Häuschen aus den 20er Jahren; ihre Fassaden sind mit überdimensionalen Applikationen ›geschmückt‹, deren Variationen von ›verrückt‹ bis ›grandios‹ die eher herrschaftlichen Exzesse von Beverly Hills präludieren. Das Rucker-Haus zum Beispiel beflügelt die Phantasie des Betrachters erst auf seiner Rückseite in Gestalt eines scharfkantigen Brian Murphy-Anbaus.

Nördlich vom Hollywood Boulevard beginnen die Hügel, deren Ausläufer bis zum Mulholland Drive reichen, der entlang der Hügelkuppe verläuft. In den Hügeln mit ihren steilen Canyons winden sich viele enge, kurvenreiche Straßen, und baulich gesehen gibt es hier so ziemlich alles, von der Hütte bis zum Palast. Auch der Wohnstil ist hier vielfältig; er reicht von idyllischen, aus der Landschaft herausgearbeiteten Terrassen mediterraner Anwesen mit grandiosem Blick über das Panorama der Stadt bis hin zum Surrealen. Die Häuser von Cape Cod balancieren über sukkulentenbewachsenen Abgründen, wobei sie häufig nur von schlanken Stahlträgern gestützt werden; unwirklich scheinen sie der Schwerkraft und den Gesetzen der Logik zu trotzen. In der fast unberührten Fauna dieser Region gibt es Kojoten, Rotwild, Waschbären, Falken und Kolibris, die alle dazu beitragen, daß die Umgebung einer exotischen Wildnis noch sehr ähnlich sieht.

Genauso exotisch wirkt die Vielfalt an bemerkenswerten Häusern, die hier von Frank Lloyd Wright (unter anderem das Storer-Haus), seinem Sohn Lloyd Wright, Neutra, Schindler und etwas später auch von Lautner, Gregory Ain und Harwell Harris gebaut worden sind. Die üppige Flora umfaßt Palmen, Eukalyptus und die bleistiftschlanke Hollywood-Zypresse und weitere subtropische Gewächse. (Der enorme Pflanzenwuchs macht heute das Fotografieren einiger der bereits älteren Häuser fast gänzlich unmöglich. Während frühere Aufnahmen die Gebäu-

de noch in stolzer Vereinzelung zeigen, sind sie nun schon fast im wuchernden Blattwerk versunken.) Die Hügelkuppen darüber aber blieben kahl und gemahnen an die Zeiten vor der künstlichen Bewässerung, als man Hollywood noch »La Nopalera«, den ›Kaktus-Flecken‹, nannte.

Die drei in diesem Kapitel vorgestellten Projekte – ein Neubau, ein Umbau und ein exotischer Pool – vermitteln nur einen flüchtigen Eindruck in die fast unendliche Vielfalt von Lebensformen, die man innerhalb dieser Wildnis im Herzen einer Großstadt finden kann.

Das Houston-Haus

Der Drehbuchautor Bobby Houston lebt in einem einfachen ›Kastenhaus‹ aus den 50er Jahren, das sich über einem Parkplatz und einem Büro im Erdgeschoß erhebt. Das Haus verlangt eigentlich nach einem flachen, ebenen Terrain, statt dessen jedoch hockt es am Ende einer Steilstraße und wird auf allen Seiten von Berghängen umgeben. Brian Murphy hat das Innere des Hauses umgestaltet, außen das tragende Stahlgerüst für den aufliegenden Flachbau leuchtend gelb gestrichen und auf der Rückseite des Hauses ein Holzdeck geschaffen, in das ein Swimming-pool eingelassen ist. Der Hügel auf der hinteren Seite ist so steil, daß der Wohnkasten an einer Seite gegen den Hang gelehnt werden konnte, während die andere mit dem Wohnbereich im oberen Geschoß abschließt.

Die Räume hat Murphy so gestaltet, daß sie nunmehr das angemessene Ambiente für einen Junggesellen mit Stil und Geschmack abgeben. Houstons Kunstsammlung und seine farbenfrohen Möbel kommen vor den weißen Wänden, auf dem schwarzen ›Sternenhimmel-Teppichboden‹ und unter dem roh geglätteten Holzdach gut zur Geltung. Die Wandleuchter von Murphy bestehen aus dreieckigen Zeichenlinealen – eine ungewöhnliche Hommage an ihren designerischen Entstehungsprozeß und zugleich ein Beweis dafür, daß sich die künstlerische

Das Houston-Haus ist auf drei Seiten von den steil abfallenden Wänden eines Canyons umgeben. Das tragende Stahlgestell mit seinem leuchtend gelben Anstrich und die neuen Kachelflächen haben das Äußere des Hauses erheblich ansprechender gemacht.

Ein Wandleuchter von Murphy.

Blick über ein Treppengeländer in Houstons Wohnraum mit Drucken von Keith Haring.

Der schwarze Teppichboden mit dem ›Sternenhimmel‹ als Muster, die weißen Wände und das im Sandstrahlgebläse rauh geglättete Balkenwerk bilden einen anregenden Rahmen für den Wohnraum. Die künstlerische Plastik aus gerilltem Preßspan neben dem Kamin stammt von Billy Lobo.

Der helle Eßraum liegt direkt neben der Küche. Murphy entwarf den Eßtisch und wählte auch die Bürostühle als Sitzgelegenheiten aus. Das Wandtischchen aus Preßspan stammt wieder von Billy Lobo.

Houstons im Erdgeschoß gelegenes Büro ist mit seinen Wandgemälden von den Graffiti-Künstlern Eaz und Kiz aus Malibu ganz für die geschäftlichen Aktivitäten des Hausherrn konzipiert.

Der Wohnraum besitzt farbenprächtige Sofas von Magistretti und einen ›Diamant‹-Stuhl von Bertoia aus den 50er Jahren; das große Wandbild ist eine Arbeit von Robert Longo.

Die Küche des Houston-Hauses mit ihrem neuen Deckenlicht und dem Bodenfenster.

Phantasie manchmal schon an den Utensilien auf dem Zeichentisch entzünden kann!

Ein Murphy-Tisch (wir sind ihm schon in diversen anderen Projekten des Designers begegnet) paßt sich nahtlos ins Eßzimmer ein; er ist die Replik eines Tisches, den Murphy zuvor für den eigenen Gebrauch entworfen hatte: eine Konstruktion aus Gitterstäben auf Holzrahmen unter einer Platte aus Panzerglas mit farbig lackierten Ecken. Diese ursprünglich aus purem Geldmangel geborene Tischkonstruktion ist mittlerweile von mehreren Kunden wegen ihres gefälligen Aussehens nachbestellt worden.

Die Küche wird von oben und unten durch Zonen aus Glasbausteinen erhellt und zwar über ein Dachfenster und ein Fußbodenfenster, durch welches das Licht der Spots aus dem darunter gelegenen Bad heraufdringt.

Den Hinterhof, der früher steil vom Grundstückszaun bis zum Sockel des Hauses abfiel, hat Murphy mit einem neuen Holzdeck und einem Swimmingpool überspannt. Anstatt den Pool, wie sonst üblich, direkt in den Boden einzulassen, wird er bei Murphy auf die Höhe des oberen Wohngeschosses herausgehoben. Das lange und schmale Schwimmbecken ist, wie man unschwer an der überdimensionalen Uhr an seiner Kopfseite zur Hecke hin erkennt, zum Bahnenschwimmen gedacht.

Tritt man vom Wohnzimmer hinaus auf das Holzdeck, das wie eine Reihe locker verbundener und über dem Abgrund schwebender Katzenstiegen konstruiert wurde, so ist man beeindruckt von den kakteenbewachsenen Hügeln ringsum. Eine stetige frische Brise steigt hier aus dem Canyon auf und kräuselt sanft die Wasseroberfläche des Pools. »Dieser Pool verschafft mir ein irres Gefühl«, erzählt Houston. »Wenn ich meinen Lieblingsstil, den Butterfly, schwimme, fühle ich mich, als flöge ich durch den Weltraum«.

In verschiedene Richtungen laufende Holzplanken bilden das von Murphy konzipierte neue Holzdeck. Das zum Bahnenschwimmen geeignete Becken ist an einer der Schmalseiten mit einer gut sichtbaren Uhr ausgerüstet. Becken wie Holzplankendeck ruhen auf Stützen über dem Erdboden.

Der rückwärtige Anbau des Rucker-Hauses zeigt viele Charakteristika der von Murphy initiierten Stilrichtung der ›Weißen Trash-Moderne‹. Man beachte die sich im Rhythmus 1-5-10-15 steigernde Sequenz, mit der die Fensterscheiben in den Türen gegliedert sind. Das neue Schlafzimmer präsentiert hier die Innenseite der spitzwinklig gefalteten Fassade.

Das Rucker-Haus

Dieser Anbau im hinteren Teil eines Bungalows steht in West-Hollywood. Es handelt sich hierbei um einen frühen Entwurf von Brian Murphy, der Bau gehört dem Drehbuchautor Alan Rucker und seiner Frau Anne-Marie. In einer von neuen Hochhausprojekten bedrohten Gegend sieht dieser Anbau zumindest so aus, als sei er durchaus fähig, sich zu behaupten.

Den Stil des Gebäudes beschreibt Murphy selbst als »weiße Müll-Moderne«; der Anbau bietet zusätzlichen Wohnraum und ein Schlafzimmer mit einem kleinen Wintergarten, der mit gewelltem Fiberglas überdacht ist. Er umfaßt eine gezackte Außenwand, die mit Streifen aus Asbest-Dachpappe verkleidet ist, und eine Reihe von im normalen Bauhandel erhältlichen Türen, deren unterteilte Verglasung als Sequenz im Verhältnis 1-5-10-15 gesteigert wird. Diese Türen öffnen sich auf ein Holzdeck mit eingelassenem Whirl-pool, von wo aus der Betrachter eine Tropenlandschaft im Miniaturformat überblickt; inmitten einer geschäftigen Stadt wurde so ein Ort der Erholung und Ruhe für einen Schriftsteller geschaffen.

Das Jorgenson-Haus

Das Jorgenson-Haus (1983) liegt in einer engen, nach Süden weisenden Stichstraße hoch über dem Sunset Boulevard in West-Hollywood. Die Straße endet abrupt an einer regelrechten Klippe, wo das Land nach drei Seiten steil um 180 Grad abfällt; von hier aus erlebt man Ausblicke wie im Bilderbuch, vom Griffith-Observatorium im Osten bis zur Meeresküste im Westen und an klaren Tagen sogar bis nach Catalina Island.

Der Architekt Fred Fisher entwarf das Haus als ›moderne Ruine‹, postierte gleichsam Fragmente in die Landschaft und beließ das Terrain ansonsten als das, was es war – als Wüste. Im Frühling bedecken wilde Gräser und Blumen den Hang, die dann im

Laufe des Sommers langsam verdorren. Die Anlage dient ihrem Besitzer, dem Filmautor Kim Jorgenson, als Gästehaus und Studio. Sie liegt hinter einem Haus aus den 50er Jahren und ist über einen steilen Pfad und ein Zwischenplateau erreichbar.

Das Hauptgeschoß besteht aus einem einzigen hallenähnlichen Raum, mit einer Kaminecke zwischen verglasten Wandpartien und einem kleinen Balkon. Durch mehrere Wand- und Deckenfenster fällt Licht herein und bringt die prächtigen Holzbalken und die strukturierte Wandgestaltung zur Geltung. Die Wand besteht aus verschiedenartigen Betonblöcken, von denen einige farbig, manche besonders aufgeraut sind; wieder andere sind mit einer Glasur versehen, deren Zusammenspiel draußen wie drinnen eine sehr dekorative Wirkung hervorruft. Auf der von dem südlichen Terrassenvorsprung abgewandten Rückseite des Raumes ist der Holzfußboden so gestaltet, daß er die Linien des Betonunterbodens und der Erdoberfläche nachvollzieht. Der Fußboden im Eingangsbereich besteht aus Hartholz, darunter befinden sich Schlafzimmer und Bad. Gewöhnliche Kanalabflußrohre, deren Inneres man aus Gründen der Stabilisierung mit Beton und Stahl aufgefüllt hat, sind zu attraktiven, galvanisierten Säulen umfunktioniert worden. In beiden Stockwerken hat man sie einfallsreich als tragende Säulen eingesetzt. Die ästhetische Konzeption des Ganzen lebt durchgängig von der subtilen Zusammenführung von industriell vorgefertigten Teilen, handwerklich hochwertig ausgeführten Holzfußböden und einer sorgfältig modulierten Farbwahl: Die erzielte graphische Wirkung ist überaus ansprechend.

Schlafzimmer und Bad führen auf diesen kleinen Hof an der Kante eines steil abfallenden Vorgebirgshügels. Fisher hat sich im ganzen Haus der dekorativen Wirkung von Betonblöcken in den verschiedensten Fertigungsstadien und Ausführungen bedient.

Der hochgelegene Wohnraum des Jorgenson-Hauses gewährt einen überwältigenden Blick über die Stadt und den Sunset Strip; Türen auf der linken Seite führen auf einen kleinen Balkon, von wo aus man die Aussicht noch besser genießen kann. Die ›Säule‹ ist eigentlich ein galvanisiertes Abflußrohr, das mit Stahlbeton gefüllt wurde. Garouste und Bonetti entwarfen diesen ›Barbaren‹-Stuhl, der hier für den Genießer der Aussicht bereitsteht.

Der Wohnraum wird durch die breite Eingangstür auf der linken Seite der Abbildung betreten. Als Säule dient ein galvanisiertes Abflußrohr.

Diese Tür führt auf den kleinen Hof hinaus, rechts liegt das Badezimmer.

Im Bad hat Fisher die verschiedenen Betonblöcke noch zusätzlich mit Glasbausteinen kombiniert.

Der grandiose Blick von der Aussichtsplattform zeigt ganz im Hintergrund die Wolkenkratzer des Geschäftsviertels von L. A. Die Betonsäulen in der Balustrade erwecken den Eindruck einer Ruine, in deren Mitte sich das neue Haus erhebt.

Der Comegys-Pool

Der Einfluß von Mexiko, das ja nur 150 Meilen von Los Angeles entfernt liegt, ist in dieser Stadt, die bekanntlich einmal zum mexikanischen Staatsgebiet gehörte, allenthalben spürbar. (1948 hat Mexiko Kalifornien an die Vereinigten Staaten abgetreten.) Die Bilderwelt Mexikos stand auch bei der Gestaltung des exotischen Swimmings-pools mit Terrassenanlage Pate, den der Designer Luis Ortega 1982 in den Bergabhang auf der Rückseite jener »Outpost Canyon Residence« baute, die dem Rechtsanwalt Herzog Comegys gehört. Dieser Pool illustriert die Vorliebe des in Kuba geborenen Ortega für tropische Farben und Formen und für das Werk von Luis Barragan, der, wie man weiß, eine Vorliebe für schlichte, rechteckige Formen und kräftige Farben durch die bewußte Hinzufügung von Wasser in ihrer Wirkung zu erhöhen pflegte.

Innenraumdesign bei David James

Der Innenraumdesigner David James erbte ein typisches Hollywood-Apartment im neogotischen Stil auf der Fountain Avenue in West-Hollywood, einem Viertel, das mit hübschen Apartments aus den 20er Jahren in jedem nur erdenklichen Stil, vom Mittelalter bis zur Renaissance, gesegnet ist. (Die Schauspielerin Bette Davis lebt beispielsweise direkt nebenan in einem richtigen französischen Schlößchen. In diesem Teil von L. A. findet man vermutlich eine größere Zahl von ›Chateaux‹ als im ganzen Loire-Tal.)

Bei seinen Umbauarbeiten beließ James den romantisierenden Architekturelementen ihren Eigenwert und schuf so eine geschmackvolle Wohnung, die gut in die Umgebung des kosmopolitischen Hollywood paßt und in gewisser Weise die Tradition der glanzvollen Hollywood-Interieurs aus den 30er und 40er Jahren wiederaufleben läßt.

Warme Farben und Polituren verschönern dieses ›gotische‹ Hollywood-Apartment aus den 20er Jahren, das dem Designer David James gehört.

James selbst entwarf das stählerne Kopfteil des hier so pittoresk zerwühlten Bettes. Vom Fenster aus hat man einen Blick über die Dächer von Hollywood. Der Nachttisch stammt von Eileen Gray, das Bild an der Wand von Bonnie Born.

Das Schlafzimmer. Von der links im Bild sichtbaren Balustrade aus kann man den zweigeschossigen Wohnraum überblicken. Das Gemälde in der Diele ist eine Arbeit von Mary Woronov.

Durch den die Treppen tragenden Spitzbogen in blassem ›eau de Nil‹ fällt der Blick auf einen Eßtisch, dessen Stühle James entworfen hat.

James wusch die vorgefundenen weißgekalkten Wände mit schwarzer Wasserfarbe ab; er ließ die Farbe in die Wandrisse sickern und erzeugte so eine interessante Patina. Das Gemälde hier stammt ebenfalls von Mary Woronov, das chromglitzernde Korvettenmodell ist ein von James selbst hinzugefügtes Sammlerobjekt.

KAPITEL 4

KÜNSTLER-WOHNUNGEN

Eigentlich sollte man meinen, daß Künstler ihre häusliche Umgebung als natürliche Fortsetzung ihrer Arbeit eigenhändig gestalten wollten, aber erstaunlicherweise tun das nur die wenigsten. Statt dessen leben viele Künstler in einem kreativen Durcheinander, und wieder andere lassen sich vom Architekten eine schicke, komplett durchgestylte Wohnung entwerfen. In Los Angeles leben tatsächlich nur wenige Künstler, die ihre Wohnstatt in unmittelbarer Beziehung zu ihrer ureigensten Arbeit geplant und sich dabei auch den Einflüssen der neuen Architektur von L. A. geöffnet haben.

In Los Angeles zu leben bedeutet, sich einer Menge kultureller Einflüsse bewußt zu sein, die vollkommen verschieden von denen der Ostküste oder irgendeiner anderen Region der Vereinigten Staaten sind; hierunter fallen Mythos und Realität des ›amerikanischen Westens‹, die Los Angeles umgebende Landschaft der Wüsten und Bergketten, die den Süden Kaliforniens geographisch vom Rest des Landes abtrennen, dazu kommen jene typische strahlend-grelle Lichtqualität, die hier herrscht, und eine charakteristische Mischkultur aus dem Erbe der Mexikaner, der Spanier und der eingeborenen Indianer. In geographischer Isolierung von der Ostküste und der dort überlieferten, europäischen Mutterkultur hat sich L. A. schon immer mehr von den pazifischen Kulturen im Süden bzw. im Westen, besonders aber auch von Japan und Mexiko, angezogen gefühlt. Bei allem aber spielt schließlich die ›graphische‹ Silhouette von L. A. selbst eine wahrlich dominierende Rolle: Diese einzigartige Stadtlandschaft wurde erstmalig von Reyner Banham in seinem 1971 erschienenen Buch (Los Angeles: Die Stadt der Vier Ökologien) literarisch besungen. Bereits in den 60er Jahren huldigte auch David Hockney in seinen Gemälden der Stadt, deren Künstler in Los Angeles in mannigfaltiger Weise auf diese Einflüsse reagiert haben. Baumeister wie Frank Gehry und die Architekten von Morphosis durchforsteten die Industrieviertel und die Hinterhof-Kulturen von L. A. auf der Suche nach architektonisch verwertbaren Elementen, und auch viele Künstler haben der Stadt in Bildern und Motiven ihre Reverenz erwiesen. Jim Ganzer zum Beispiel hat jener unverwüstlichen L. A.-Ikone, der Palme,

ART IN
LOS ANGELES
Seventeen
Artists
in the Sixties
The Museum

in der Konstruktion seines Ganzer-Ständers ein Denkmal gesetzt, waren es doch ihre Früchte, die er nach Stürmen regelmäßig von den Bürgersteigen rund um sein Studio aufzulesen pflegte.

Die in diesem Kapitel vorgestellten Künstler haben Wohnräume entworfen, in denen sich diese Einflüsse und die ganze Fülle der so verschiedenen Visionen spiegeln, die in einer so heterogenen Stadt wie Los Angeles problemlos nebeneinander möglich sind.

April Greiman und Peter Shire erwecken in ihren Arbeiten die lebhafte Farbenwelt mexikanischer Fiestas. Annie Kelly arbeitet mit einer gedämpfteren, aber immer noch unverwechselbar ›mexikanischen‹ Palette, die von den Farben inspiriert ist, wie sie an den Mauern und Gebäuden alter Kolonialstädte zu finden sind. Dagegen bestimmt die minimalistische Architektur von Luis Barragan, auch sie genuin mexikanisch, das kombinierte Studio-Wohnhaus von Charles und Katie Arnoldi. Die Wüste spielt in Greimans früherer Apartment-›Landschaft‹ eine Rolle; ebenso bei der Kaktus-Lampe von Paul Fortune; im Haus von Ros Cross und Mick Haggerty führen wiederum Möbelstücke der 60er Jahre mit ihren japanischen Motiven und Zitaten aus dem Mythenkreis des ›amerikanischen Westens‹ nebeneinander ein friedliches Dasein, und das ganze vollzieht sich in den Mauern einer typischen Fassade der 50er Jahre. Als exemplarischer Kontrast empfiehlt sich das reizende kleine Landhaus von Lisa Lombardi und Mo McDermott; man glaubt sich in einem Atelier des englischen Bloomsbury-Kreises zu befinden, eine Wohnkultur, auf die man hier ganz unverhofft in der Hügellandschaft von Los Angeles trifft.

April Greiman

Die Graphik-Designerin April Greiman zog 1975 nach Los Angeles, wo ihr Werk schon bald exemplarisch für jene Bewegung der späten 70er stand, die als ›L. A. New Wave‹ bekannt geworden ist. Unter ihren innovativen Beiträgen zum graphischen Design findet sich auch die Einführung von (Schrift)-Zeichen als Elemente des Design. Nicht selten täuscht April

In einem früheren Apartment hatte Greiman den häßlichen Teppichboden mit Rohleinen bedeckt und so eine ›Wüsten-Wohnwelt‹ geschaffen.

141

◂ *April Greimans Ideenschmiede für Graphik-Design. Möbel und Lampen sind Teil eines abstrakten, dreidimensionalen Gesamtkunstwerks.*

Die Cross-Haggerty-Villa. Eine eklektizistische Ecke im Wohnraum. Das Speisezimmer mit Eßtisch und -stühlen aus den 60er Jahren und mit einem Bild von Ros Cross.

Greiman Raumwirkung und Perspektive vor, indem sie auf einer Bildoberfläche solche Zeichen in der Größe variiert und sie sodann mit Punkten und Kringeln übermalt, als habe ihr Kandinsky persönlich den Pinsel geführt. Auch Gittermotive werden von ihr verwendet, um eine räumliche Schichtung zu erreichen, ein Kunstgriff, der inzwischen unter Designern und Architekten weitverbreitet ist (Eric Moss hat zum Beispiel ein Gittermotiv an der Fassade seines 1979 entstandenen Hauses Nummer 708 benutzt). Auch mit ihrer lebhaften, an die Farben Mexikos erinnernden Palette unterscheidet sich die Künstlerin unverwechselbar von ihren Kollegen in London und New York.

In den späten 70ern lebte April Greiman in den Los Altos-Apartmenthäusern am Wilshire Boulevard, die in den 20er Jahren von William Randolph Hearst errichtet worden waren und einer großen Zahl von Künstlern und Schriftstellern als Zuhause dienten. Hier heftete sie einen Überzug aus Rohleinen auf den häßlichen Teppichboden aus den Zeiten ihres Vormieters und ließ auf diese Weise ein Echo der nahegelegenen Wüstenlandschaft anklingen.

1981 bezog April Greiman ihr neues Domizil im Larchmont Distrikt bei Hollywood, wo die Künstlerin ihr Wohnzimmer in ein Experimentalstudio für Graphik-Design verwandelte: In einem dreidimensionalen Umfeld gewinnen abstrakte Farben und Formen über die sonst gewohnten Umrisse der Möbel und Haushaltsgegenstände die Oberhand.

Das Cross/Haggerty-Haus

Die Künstlerin Ros Cross und ihr Lebensgefährte Mick Haggerty, Regisseur von Videoclips aus der Rockmusik-Szene, der darüber hinaus durch seine Illustrationen in den 70er Jahren die Spitze der ›L. A. New Wave‹-Bewegung erklommen hatte, kauften ihr Haus 1978. Erst 1974 hatten sie die Kunsthochschule von London absolviert und waren nur auf einem Amerikatrip hierher gekommen. Doch augenblicklich schlug sie die Stadtlandschaft von Los Angeles aus den 50er Jahren in ihren Bann. Außerdem waren sie davon begeistert, wie problemlos man hier Möbel und Autos aus den 50er Jahren erwerben konnte; tatsächlich gehörte ein Cadillac Baujahr 1959 zu ihren ersten Anschaffungen. Man entschloß sich zu bleiben. Bald darauf fanden Haggerty und Cross im Beachwood Canyon genau das, was sie gesucht hatten: ein Haus, das »wie ein Motel« aussah. Als sie dieses von seiner unpassenden Holzschindel-Verschalung und einigen unnötigen Innenwänden befreit hatten, gelang es, das Gebäude in seiner ursprünglichen Schlichtheit wiederherzustellen, und auch der Blick auf die angrenzenden Täler wurde nun durch die teilweise bis auf den Boden reichenden Fenster wieder freigegeben. Cross begrünte das Grundstück mit Hunderten von Wüstenpflanzen und schuf auf der einen Seite des Hauses einen säuberlich geharkten japanischen Garten, den sie, um Wildtiere fernzuhalten, einzäunte.

Das Innere des Hauses spiegelt die künstlerischen und intellektuellen Vorlieben der beiden Besitzer wider. Der dominierend in Weiß gehaltene Wohnraum ist zu jeder Stunde vom Tageslicht erfüllt und dient den von Cross farbig gestalteten Zonen als neutrale Kulisse: Sonst eher blasse und stumpfe Farben gewinnen um den Eingangsbereich herum an Tiefe und Kraft, und an den Pfosten der Fenster rankt sich die Andeutung eines Musters hinauf. Ros Cross hat diesen Wohnbereich zu einer natürlichen ›Erweiterung‹ ihrer Kunst und ihres Textildesigns gestaltet.

Die Küche, ursprünglich ein separater Raum, wurde im Zuge des Umbaus geöffnet und durch eine Frühstücksanrichte ergänzt. Der Schlafraum wird heute durch ein rautenförmiges Deckenlicht und ein weiteres Fenster erhellt, das sich durch den ganzen Raum zieht und so das Studium der Waschbären und anderer Wildtiere von innen heraus erlaubt, unterstützt durch zusätzliche Außenbeleuchtungen.

Als die Ausmalung des Wohnraumes 1982 abgeschlossen war, hatte sich die Begeisterung der Eigentümer für den 50er-Jahre-Stil durch den Gewöhnungseffekt etwas abgenutzt. Neue Einflüsse wurden nun sichtbar: Elemente der 60er Jahre, daneben japanische Einflüsse und Motive aus der Ikonographie der Wüste sowie des ›amerikanischen Westens‹.

Im Eingangsbereich werden die Farben und die Wandmalerei intensiver. Gemälde und Bettüberwurf stammen von Cross; das rautenförmige Deckenlicht ist eine Gemeinschaftsarbeit von Cross-Haggerty.

Im Wohnraum sind Möbel aus den 50er und 60er Jahren mit Wandmalereien von Cross kombiniert.

Dieser Wandschmuck kündet beredt von der Vorliebe der Besitzer für die Wüste, die das Stadtgebiet von Los Angeles umgibt.

Sunset
Alloway
MacNaughton

Im Haus der Lombardi/McDermotts steht eine Riesenteekanne von Anna Silver neben einem englischen Armstuhl aus dem 18. Jahrhundert und McDermotts eigener Wandbeleuchtung, dem ›Apollon-Tempel‹.

Eine farbenfrohe Mischung aus gemalten Oberflächendekorationen, die an Bloomsbury erinnern. McDermott bemalte diesen Kamin und den darüberhängenden Spiegel.

Mit den frischen Blumen aus dem Garten erscheint das Speisezimmer noch heller. Das Beleuchtungsobjekt ›pompejanischer Tempel‹ auf dem Wandbord stammt ebenfalls von McDermott.

Lombardi und McDermott

Das Künstlerpaar Lisa Lombardi und Mo McDermott lebt in einem netten Häuschen aus den 20er Jahren, direkt neben dem Elysian Park. In ihrem Garten wachsen Akelei, Fingerhut, Rosen, Rittersporn und andere Blumen, die man eher in einem englischen Landgarten vermuten würde; die Wolkenkratzer des Geschäftsviertels von L. A. scheinen das Cottage-Dach förmlich zu erdrücken.

Lisa Lombardi, die in Los Angeles geboren ist, entwirft Skulpturen und bemalt Möbel, die sich wie Pflanzen oder wie überdimensionale Haushaltsgegenstände ausnehmen. Ihre vegetabilen Tische und Stühle können mit ihren spektakulären Effekten in der Küche des Brian Murphy-Hauses in Santa Monica bewundert werden. Der Engländer McDermott wurde in den 60ern zunächst mit seinen ausgeschnittenen und bemalten Palmen berühmt, die man als freistehende Wandschirme und Raumteiler verwenden konnte. Neuerdings arbeitet er auch an einer Serie von Wandstücken, manchmal montiert aus Beleuchtungskörpern, in die er Zitate aus klassischen Allegorien einfließen läßt. Gemeinsam haben die Künstler das Innere ihres Hauses zu einer gemütlichen, modernisierten Version jenes Salons ausgestaltet, wie er im England der 30er Jahre von den Mitgliedern des Bloomsbury-Kreises bevorzugt wurde: erfrischende, handbemalte Oberflächen und Antiquitäten schaffen die entspannte, wohnliche Atmosphäre eben jener englischen Interieurs.

Obwohl sich eindeutig südkalifornische Einflüsse aus solchem Lebensstil schwerlich ablesen lassen, sind Lombardi und McDermott gleichwohl jenem angelinischen Eklektizismus verpflichtet, der bekanntermaßen für einen wahren ›Wildwuchs‹ der Stilformen aus der ganzen Welt verantwortlich ist. Dieses englische Cottage vermittelt nur eine etwas andere Art, wie man sich in Los Angeles zuhause fühlen kann.

Der Eßtisch und die Kakteenlampe auf dem Wandbord sind Arbeiten von Lombardi.

Den Spiegelschrank im Arbeitszimmer bemalte ebenfalls McDermott, das Beistelltischchen stammt von Lombardi.

Die Experimente des Mister Fortune

Mit dem Entwurf des ›Erdbeben-Schlafzimmers‹ hat der englische Designer Paul Fortune die britische Tradition des schwarzen Humors fortgeführt, die Kunst, über das eigene Unglück noch Späße treiben zu können. Nicht, daß er sich nicht über die Tragweite eines drohenden Erdbebens im Klaren wäre: Fortune hortet ständig acht Gallonen Trinkwasser, um jederzeit auf die Folgen eines Erdbebens vorbereitet zu sein. Das hier vorgestellte Projekt verdankt seine unmittelbare Entstehung sogar einem kleineren Erdstoß, den Fortune zu spüren glaubte, als er einen Kunden besuchte. Nachdem Fortune in England ein Kunststudium absolviert hatte, ließ er sich in Los Angeles nieder; er hat sowohl ein breites Spektrum an innenarchitektonischen Projekten vorzuweisen, wie er sich auch als Designer von Möbeln und Lampen einen Namen machen konnte.

Das Schlafzimmer gehört Graham Henman, einem Regisseur von TV-Reklamefilmen; es ist Teil eines spektakulären Hauses aus den 50er Jahren in den Hügeln von Hollywood, das einst von einem der Designer Disneylands gebaut wurde. Der Raum bietet einen phantastischen Ausblick über das Tal von San Fernando – bis hin zu der berüchtigten San-Andreas-Spalte. Das Bett ist in der Tat bequemer, als es aussieht: Die ›Steine‹ sind aus Schaumgummi und geben recht bequeme Kissen ab. Der Bettüberzug ist mit Schablonenzeichnungen von Säulenfragmenten versehen, die beziehungsreich auf römische Ruinen anspielen. Das Bett ruht dabei auf einem Podest aus malachitgemusterter Formica und wird von geknickten weißen Neonröhren beleuchtet.

Im Jahre 1980 hatte Fortune eine Kaktus-Lampe entworfen (sie ist hier zusammen mit Fortunes eigenem Schlafzimmer in seinem Heim im Laurel Canyon abgebildet), die in begrenzter Stückzahl produziert werden sollte. Dieses Exemplar wird durch eine im Fuß verborgene Lampe erleuchtet, die ihr Licht den aus Acryl gefertigten ›Kakteenstamm‹ hinaufsendet. Sie steht auf einem handbemalten Läufer aus Leinwand mit einem Muster aus Kuhfell-Imitat; auch dieses Motiv ist ein Hinweis darauf, daß Fortune Interesse für Themen bekundet, die Los Angeles und dem ›amerikanischen Westen‹ entlehnt sind.

Für Graham Henman entwarf Paul Fortune das ›Erdbeben-Bett‹ mit den ›Felsbrocken‹ aus Schaumgummi; der Bettüberwurf ist mit Umrißzeichnungen von herunterstürzenden Säulenfragmenten versehen, die Beleuchtung wird mit den geknickten Neonröhren erzielt.

Im Schlafzimmer von Fortunes eigenem Landhäuschen befinden sich seine Kaktus-Lampe, der handbemalte Leinwandteppich mit dem Muster aus Kuhfell-Imitat und eine Bettdecke von Ros Cross.

Dieser überdachte Innenhof wurde durch eine von Batey und Mack entworfene Veranda ergänzt. Die Holzbank stammt vom Autor.

Ein Kakteengarten, ein Loquatbaum und eine Hollywood-Zypresse säumen das einfache Gebäude im spanischen Stil der 20er Jahre. Gelbblühender kalifornischer Mohn und rote Kalanchoe sind willkommene Farbtupfer.

Das Haus von Kelly/Street-Porter

Annie Kelly ist eine in Australien geborene Künstlerin, deren künstlerisches Schaffen sich neben der Malerei auch auf die Produktion verstellbarer Wandschirme konzentriert. Ihr Heim in den Hügeln von Hollywood ist ein zurückhaltendes Haus der 20er Jahre im spanischen Stil, das schrittweise renoviert wurde, um auf diese Weise seine Geschichte zu enthüllen. Kellys Vorliebe für mexikanische Interieurs, insbesondere für das Haus von Frida Kahlo und das Innere der alten kalifornischen Missionen, hat zu einer ganz charakteristischen Kombination von Farbe, Wandmalerei und Friesgestaltung geführt.

Das Äußere des Hauses blieb unverändert, abgesehen davon, daß die Architekten Batey und Mack (heute Architektenbüro Mack in San Francisco) eine überdachte Veranda an die Dachterrasse anfügten, deren Aussehen an den Südwesten der USA, aber auch an jene Veranden erinnert, wie man sie in Kellys Heimat Australien kennt.

Da Kelly permanent an der Ausgestaltung der Innenarchitektur arbeitet, ist es zu häufigen Wechseln und Umgestaltungen gekommen. Die erste Einrichtung aus früheren Wohnungen im Stil der 50er Jahre wurde nach und nach durch eine eklektizistische Mischung aus mexikanischen Gegenständen, kunsthandwerklichen Möbeln von Freunden wie Phil Garner und Jim Ganzer und einer Menge anderer Sammelobjekte und Fundstücke ersetzt. So ist jedes Wohnelement in der einen oder anderen Weise ungewöhnlich und darf mehr als ein flüchtiges Augenmerk beanspruchen. Sogar die Küchengegenstände sind, vor allem seit man schon beim Betreten des Aufenthaltsraumes in die Küche hinein sehen kann, mit besonderer Sorgfalt ausgewählt worden.

Die Veränderungen im Haus wurden eher durch Farbe und Pinsel als durch bauliche Maßnahmen erzielt; allein durch Farbe hat Kelly die Räume optisch verändert. Die Küche am Ende des Wohnbereichs etwa wirkt durch ihr beruhigendes kühles Blau bedeutend großzügiger als vorher. Im Obergeschoß wurde an der Decke und am oberen Wandbe-

›TV-Bänkchen‹ und ›Globus‹ von Phil Garner. Das Bänkchen besitzt so seltene Annehmlichkeiten wie eine originale, eingebaute Musiktruhe und Stereolautsprecher.

Der Autor bezog diese 50er-Jahre-Couch neu in hellblauem Leder und Kuhfell. Davor steht ein Couchtisch mit einer Glasplatte auf überkreuzgestellten Speeren. Der blaurosa Fries stammt von Kelly.

Kellys Studio mit Fußbodenkacheln aus Zement. Ein Kelly-Wandschirm ist rechts im Bild und eine ebenfalls von Kelly bemalte Sperrholzschachtel links auf dem Beistelltischchen zu sehen.

Um das Atelier optisch höher erscheinen zu lassen, strich Kelly die Decke und den oberen Teil der Wände blau. Der handgemalte Läufer stammt auch von Kelly.

Blick vom Hof in das Schlafzimmer. Der Fliegende Skarabäus ist ein Werk von Andrew Logan, der Fries wiederum stammt von Kelly selbst.

Über Kellys Schminktischchen liegt eine antike Tischdecke. Unter den Schmuckstücken finden sich aus Spiegelglas gefertigte Arbeiten von Andrew Logan und solche von Hilary Beane.

reich des Studios ein kräftigeres Blau verwandt, um die Illusion größerer Raumhöhe zu provozieren.

Erst kürzlich funktionierte Kelly eine bislang vernachlässigte Ecke des Hauses in ein Atelier um, wobei sie sorgfältig die originalen Türen und Fenster, die übrigens immer noch beim früheren Hersteller zu beziehen waren, wieder einbauen und dazu kühle Fußbodenfliesen aus Beton verlegen ließ.

Seit über fünf Jahren arbeitet Kelly an ihrem Haus und benutzt es gleichsam als Experimentierfeld, um Ideen für ihre Wandschirme und andere Kunstobjekte zu entwickeln. Daraus entstand ein generelles Interesse an der intuitiven Komponente des Entstehungsprozesses von Wohn-Design, in dessen Verlauf Kelly in wachsendem Maße zu den Wurzeln des spanischen Erbes, des amerikanischen Südwestens und Hollywoods vordringen konnte und alle diese Elemente mit neuen Impulsen zu beleben wußte. Kelly denkt nicht daran, ihr Haus jemals ›fertig‹ zu sehen, und sollte doch wider Erwarten dieser Fall einmal eintreten, wird sicherlich ein Umzug notwendig werden. Ein futuristisches ›Traumhaus‹ soll dann das neue Domizil sein, ganz anders als das alte, angefüllt mit den einfachen und wandelbaren ›amöboiden‹ Möbeln der 60er-Jahre-Ära.

Der von Kelly gestrichene Küchenfußboden. Hinter der Frühstückstheke steht links ein englisches Cocktailschränkchen aus den 50er Jahren.

Ein Ausschnitt aus dem Wohnraum mit dem Garouste-Bonetti-Stuhl aus angestrichenem Eisen, einer amerikanischen Uhr aus den 40er Jahren und dem Kelly-Fries.

Das Poster von Zandra Rhodes unter Benutzung einer Fotografie von Grant Mudford stellt Kelly dar und hängt über einer 50er-Jahre-Kommode. Phil Garners ›Masculini‹-Schränkchen verleiht dem Arbeitszimmer etwas von dem Flair eines Schneiderateliers.

Vorhänge aus Chintz verleihen dem Eßraum ein sanftes Flair. Die Anstaltsstühle aus den 40er Jahren bestehen aus Aluminium.

Im Wohnzimmer steht Shires aus eloxiertem Aluminium gefertigte ›Pegasus‹-Lampe auf einem stoffbezogenen Sockel neben einem Sessel, der für die Hollywood-Aufführung von Oedipus Rex *entworfen worden ist.*

Das Shire-Haus

Peter Shire hat sich als Keramiker mit seinen farbenfrohen ›Cartoon-Teekannen‹ im New-Wave-Stil einen Namen gemacht. Seit 1981 konzentrierte er sich intensiv auf den Entwurf größerer Metallkonstruktionen und Möbel, die sich weiter Verbreitung erfreuten, vor allem auch durch die Zusammenarbeit mit der italienischen Firma Memphis. Shires Keramiken, beeinflußt durch die Straßenfarben von Mexiko und sogar von Echo Park, sind von geradezu überschwenglicher graphischer Qualität. Die normalerweise aus Aluminium bestehenden Objekte sind mit einer exotischen, zuckrig-flockigen Politur eloxiert, wie man sie von kalifornischen Oldtimern her kennt und durch die Shire an »all die heißen Kisten, die ich noch nicht besessen habe«, erinnert wird. Sein Studio in der Nähe seiner Wohnung in Echo Park ist am Ort sehr bekannt. Die grellfarbige Fassade wird von zwei Nachbarhäusern flankiert, von denen das eine mit Graffitis bedeckt und das andere von einem Wandgemälde mit aztekischen Helden geschmückt ist. Nebenan liegt ein Mexikaner-Viertel, und die Straße verläuft eng und kurvenreich durch eine tief in die Berghänge eingegrabene Schlucht; auf der Spitze des Hügels aber hockt Shires spektakuläres neues Haus, das wie eine ›Shiresche Riesenteekanne‹ aussieht. Sein Heim teilt Shire mit seiner Frau Donna und deren Tochter Ava. Von hier aus streift der Blick über die San Bernardino Berge im Norden bis zu den nähergelegenen Wolkenkratzern von Los Angeles im Süden. Im Prinzip haben wir es mit einem schlichten einstöckigen Bungalow zu tun, der so an einen steilen Bergabhang plaziert wurde, daß das von der Straße aus nicht einsehbare Untergeschoß auf den daruntergelegenen Garten hinausführt.

Auf den Spuren seiner Metamorphose entpuppt sich das Haus Zentimeter für Zentimeter als ein waschechtes Shire-Haus: Wellige Aluminiumsäulen in der Form von Riesenblumen konnten aus den Diskotheken gerettet werden, die Shire 1984 für die Olympiade entworfen hatte, und flankieren nun den mit blauem Wellfiberglas überdachten Eingangsvorbau; sie sind blau, gelb und rot bemalt, um sie von den in rosa, fuchsia und türkis gehaltenen ›Säulenblumen‹ im Hausinnern zu unterscheiden. Die grundlegenden Funktionen einer Vorhalle – die Besucher willkommen zu heißen, ihnen vorläufige Unterkunft zu gewähren und einen Moment der Vorfreude vor dem Betreten des Hauses hervorzurufen – werden hier trefflich erfüllt, und dies wiederum ist bezeichnend für die glückliche und fröhliche Vision, die Shires Design grundsätzlich kennzeichnet.

Auch das Innere des Hauses bietet eine bemerkenswerte Überraschung, obwohl es keine großen Ausmaße besitzt. Der Wohnraum ist zwar noch nicht fertig, aber die Kaminecke ist bereits durch Säulen verändert worden; außerdem hat man in den Kaminmantel verdeckte Lampen eingelassen, um die ausgestellten Keramiken durch eine angemessene indirekte Beleuchtung zur Geltung zu bringen. Die einzelnen Möbel unterliegen einem permanenten ›Rotationsprinzip‹: Manche Stücke gehen auf Ausstellungstournee und werden verkauft, andere treten dann an ihren Platz. Der beeindruckende Armsessel wurde für eine Aufführung von *Oedipus Rex* im Hollywood Bowl entworfen, der Schrank im Wohnzimmer ist Shires erstes Stück, das im Jahre 1981 in Produktion ging.

Die Küche ist mit ColorCore®-Formica ausgekleidet, ein Material, das Shires Experimente mit dem bildhauerischen Potential von Küchenschränken ermöglicht. In die Küchentür setzte Shire ein Bullauge ein, in das er ein winziges, indirekt beleuchtetes nautisches Tableau einmontierte. Die Kachelung des Bades ist ein Meisterwerk, jedes Einzelstück wurde für seinen ganz besonderen Platz entworfen und im eigenen Brennofen des Künstlers gehärtet.

Um die gleichwohl miniaturhaften Ausmaße des Hauses vergessen zu machen, hat sich Shire voll und ganz auf Küche und Badezimmer konzentriert. Indem er diesen kleinsten, aber dennoch am häufigsten benutzten Räumen eine intensiv durchgestaltete Atmosphäre verliehen hat, kann auch der Rest des Hauses von diesem luxuriösen Flair entschieden profitieren.

Eine Shire-Keramik steht auf der gläsernen Tischplatte des Eßtisches; im Hintergrund die Küche.

Das winzige Shire-Bad, ein Meisterwerk des Kacheldesigns.

Shire spritzte diesen alten Verandastuhl rot um; heute steht er auf dem kleinen Wohnzimmer-Balkon.

Mit seinen überdimensionierten gewellten Säulen, die aus den für die Olympischen Spiele 1984 entworfenen Diskotheken stammen, wirkt das kleine Haus wie eine zu groß geratene ›Shire-Teekanne‹.

2354

Auf den Küchenschränken finden sich überall Shiresche Keramiken und Küchengegenstände. Die Pantry-Tür hat ein eingesetztes Bullauge.

Ein Detail der Küchenschränke: Mit Formica überzogene Schubladen und skulptierte Handgriffe.

Das Gästebad legte Shire mit einem farbenprächtigen Fliesenmosaik aus.

Shires Besucher werden durch diese Eingangstür in fröhlichen Farben willkommen geheißen. Das Vordach besteht aus durchsichtigem Fiberglas.

Die Kacheln entwarf Shire speziell für diesen winzigen ›Nutz‹-Raum, brannte sie im eigenen Keramikatelier und komponierte sie zu einem wahren Kunstwerk zusammen.

Die gußeisernen Hoflampen wurden von Shire bunt eingefärbt und dann als Deckenleuchter für den Korridor benutzt.

Shire entwarf ein dreidimensionales nautisches Tableau, das man durch das Bullauge auf der Pantry-Tür sehen kann. Es wird von oben erleuchtet und ist in die Rückseite der Tür eingelassen.

Die Kaminecke wurde mit Säulen und einer verdeckten Lichtquelle in der Ummantelung des Kamins ausgestattet, so daß die auf dem Kaminbrett befindlichen Keramiken indirekt von hinten beleuchtet werden. Links Shires ›Obelisken‹-Schrank.

Hinter dem versenkten Swimming-pool ist ein kleiner Hof entstanden, indem man die in Pastelltönen verputzte Wand durchbrochen hat. Die Kette aus gelben Scheiben gehört zu einem Wellengenerator.

Das neue Bad ist im minimalistischen Stil mit Zement und Kachelflächen ausgeführt. Dahinter liegen eine Dusche und der Ankleideraum.

Das Arnoldi-Haus

Während der Fertigstellung seines neuen Hauses in Malibu wohnten der Künstler Charles Arnoldi und seine Frau Katie in einem umgebauten Cottage. Heute ist er Teil eines größeren, von einer Künstlergruppe aus Venice errichteten Komplexes, der, ursprünglich aus Industriebauten bestehend, in Studios und kleine Wohnungen mit angeschlossenen Ateliers umgewandelt wurde. Mitten im Ghetto von Venice steht diese Atelieranlage, und direkt um die Ecke liegen die Indiana-Avenue-Studios von Frank Gehry.

Das Häuschen ist an der Längsseite eines eingelassenen Swimming-pools angelegt, um den man ringsum eine Betonlandschaft gestaltet hat. Der kleine Innenhof neben dem Pool dient als Raumtrenner zwischen dem Gemeinschaftsbereich und den eher privaten Bezirken; er führt in den Wohnraum und in das Bad, das – bei aller Schlichtheit – dennoch viel Eleganz ausstrahlt; seine zentral plazierte Badewanne befindet sich vor einer nackten Zementwand, hinter der sich eine Dusche und ein verglaster Hof anschließen.

Mit seiner Farbgebung und mit der Schlichtheit seiner glatten, ungeschmückten Wände steht das Arnoldi-Haus in engem Bezug zum Arbeitsstil des Architekten Luis Barragan.

KAPITEL 5

AM STRAND ENTLANG

Im Westen und Süden grenzt Los Angeles an den Pazifik; dadurch besitzt die Stadt eine beinahe 70 Meilen lange Küstenlinie, von der der größte Teil aus Sandstrand besteht und für die Öffentlichkeit zugänglich ist. Von Malibu im Norden bis Newport Beach im Süden, wo Schindlers historisches Lovell-Strandhaus steht, und weiter bis an die mexikanische Grenze erfreut man sich jenes Lebensgefühls, das die Beach Boys in ihren Songs unsterblich gemacht haben. Bedauerlicherweise erzählen jedoch die Grundstückspreise von der Kehrseite dieser enormen Popularität, die das Leben am Strand hier besitzt, und so ist es bedeutend einfacher, den Strand kurz zu besuchen, als auf Dauer dort seine Zelte aufzuschlagen.

Die Vorteile des Wohnens direkt am Meer sind unübertrefflich. Das Klima, von sanften Meeresbrisen gemäßigt, sorgt für eine wesentlich kühlere und auch weniger verschmutzte Luft als in Hollywood, das ja schließlich auch nur 15 Meilen landeinwärts liegt. Direkt vor dem Haus einen Strand zum Spazierengehen zu haben, das ist schon eine bemerkenswerte Annehmlichkeit, auch wenn dieser Strand heute nicht mehr zu den saubersten gehört. Und auf eine ununterbrochene Horizontlinie hinauszusehen, mit nichts als dem Ozean zwischen dir und Japan, das ist auch eine großartige Sache, die den Kopf klarmacht und dir dein seelisches Gleichgewicht wiedergibt – das perfekte Allheilmittel gegen ein stressiges Leben in der Stadt.

In regelmäßigen Abständen erstrecken sich an der Küstenlinie von L. A. entlang kleine Strandstädtchen, wobei man diejenigen, die den von den Beach Boys gepriesenen Lebensstil noch am reinsten verkörpern, am ehesten zwischen Venice und der Halbinsel Palos Verdes am südlichen Ende der Santa-Monica-Bucht findet. Wie an einer Perlenkette sind diese Orte an der Küste aufgereiht, verbunden durch eine 15 Meilen lange Uferpromenade – mit Fahrradweg: Playa Del Rey, El Segundo, Manhattan Beach, Hermosa Beach und Redondo Beach. Venice wirkt aufgrund seiner Nähe zum Zentrum von Los Angeles mit seinem eher urbanen Charme ein wenig wie ein Fremdkörper unter den anderen Gemeinden; am Wochenende werden die Straßen von Venice von den touristischen Menschenmassen überfallen. Die anderen Orte sind schwerer zu erreichen, und wenn man einmal da ist, gibt es nur begrenzte Parkmöglichkeiten. Hermosa Beach beispielsweise, wo das Lawrence-Haus liegt, ist eine ruhige Gemeinde, die sich von der Hyperaktivität in Venice auffallend abhebt.

Ein solch typischer Strandort ist vollkommen zur Seeseite hin ausgerichtet. Die Uferpromenade ist seine Schlagader, hier pulst das Leben: Sie verbindet die einzelnen Gemeinden untereinander und dient auch als Treffpunkt der lokalen Gesellschaft. Hinter dem schmalen Streifen der Uferbefestigung liegt ein Netzwerk aus Straßen und Alleen. Die Baudichte ist hoch, denn überall sind unproportionierte Apartmentblocks in Grundstücke hineingezwängt worden, die eigentlich für kleine Strandhäuser ausgelegt waren; letztere sind teilweise schon von den Wohnblocks verdrängt worden. In den Straßen direkt hinter der Uferlinie scheinen die Häuser sich alle in die Höhe zu recken, um noch einen Meeresblick zu erhaschen, ganz wie undisziplinierte Zuschauer bei einem Baseballspiel. Im Verhältnis zu den winzigen Cottages der ursprünglichen Bebauung haben die neu entstandenen Häuserblocks eine ganz neue vertikale Linie etabliert, um ihren kostbaren Ausblick zu sichern; diese neuen Wohnmaschinen gehören zum Häßlichsten, was man auf der Welt im Angebot so teurer Immobilien überhaupt finden kann. Dies und die Bebauungsdichte haben viel von der ursprünglichen Attraktivität des Strandlebens in dieser Region zerstört.

Dieses Problem interessiert die Menschen hier jedoch nur am Rande, denn ihr Leben verläuft in den angenehmen Bahnen des Müßiggangs. Jedermann ist hier der Fitness-Welle erlegen, die sich in den 80er Jahren in vollem Umfang entfaltet hat, und alle kleiden sich vornehmlich sportlich, als kämen sie aus einem Trainingslager. Um daneben auch Aufgeschlossenheit für eine etwas ältere Form der Freizeitbeschäftigung zu demonstrieren, gehört ein Surfbrett neben dem Hauseingang zum guten Ton für jedermann.

Von den vier in diesem Kapitel vorgestellten Häusern befinden sich drei in Venice und eines in Hermosa Beach. Manche ortsbedingten Eigentümlichkeiten sind ihnen gemeinsam: Sie sind in Apartmentblocks integriert, befinden sich in Alleenstraßen, und alle unterliegen der Notwendigkeit, im Wettstreit mit den Nachbargebäuden, Licht und Luft in die Vertikale zu bringen.

Unter dem wellenförmigen Dachprofil des Caplin-Hauses versammelt sich ein Konglomerat von asymmetrischen Fenstern, Türen und farbigen Kachelflächen. Im Hintergrund erheben sich die Berge von Santa Monica.

Jedes dieser Häuser steht auf einem engbrüstigen, viel zu kleinen Grundstück, das an beiden Enden Zufahrten zur Straße besitzt, und wird so von den anliegenden Gebäuden eingeengt. Drei der Häuser haben Meeresblick; das Caplin-Haus liegt zwar eigentlich schon fast zu weit im Landesinneren, weist aber dennoch durch das charakteristische blaue, wellenförmige Dach einen quasi metaphorischen Bezug zum Strand auf.

Das Caplin-Haus

Das Caplin-Haus war das erste eigene Bauprojekt von Fred Fisher: Zuvor hatte er im Büro von Gehry gearbeitet; ein Einfluß, der in einigen Details dieses Hauses noch deutlich spürbar wird. Den Auftrag erteilten der Komponist Loren Caplin und seine Frau Lori, eine Künstlerin. Beide benötigten Platz für Studios, die vom gemeinsamen Wohnareal abgetrennt sein sollten. Das Haus steht auf einem engen Grundstück und wird an beiden Schmalseiten von Straßenfronten flankiert. Aus dieser Situation kristallisierte sich ganz folgerichtig ein Konzept heraus, daß die Gemeinschaftswohnräume in die Mitte des Hauses und die Ateliers jeweils an die Flanken plazierte, wobei für jeden Ateliertrakt ein eigener Eingang angelegt wurde.

Fisher schuf einen über zwei Geschosse reichenden zentralen Wohnraum, um den Galerien herumführen. Eindrucksvolle Zwillingstreppen laufen auf einem Podest, drei Stufen über dem Boden, zusammen. Nachdem das Licht seinen Weg durch die Dachkonstruktion gefunden hat, fällt es durch zahlreiche Fenster und Deckenlichter in den darunterliegenden Raum ein. Die Holzbalustraden mit ihren rechtwinkligen, maschenverdrahteten Paneelen verleugnen in diesem Detail die Handschrift Gehrys nicht, doch ansonsten beschreitet dieser Hausentwurf vollkommen andere Wege. Das Dach gleicht einem umgedrehten Schiffsrumpf und ruft damit die Kindheitserinnerungen von Lori Caplin wach, denn sie wuchs auf einem Hausboot an der Seine auf. Von außen sieht das Dach wie eine gigantische Welle aus, die sich am Strand bricht.

Fisher wußte hier einige Gehrysche Strukturen mit seinem eigenen Gestaltungsempfinden und einer romantischen Metaphorik zu verbinden. Als Ergebnis stellt sich ein Haus vor, das sich der eigenen Komplexität sehr wohl zu erfreuen scheint, dabei aber gleichwohl nicht aus dem Rahmen fällt.

Dachfenster im Bad lassen das Licht herein, das auf interessante Weise durch die Holzplanken gebrochen wird.

Der luftig-hohe, atriumähnliche Wohnraum wird von Galerien umlaufen, deren Balustraden mit Maschendraht vergittert sind.

ANDY
WARHOL

Dieses Schlafzimmer, das durch das von unten hochkommende Kaminrohr beheizt wird, besitzt ein hübsch ausgeführtes Bettpodest mit viel Stauraum. Das Poster im Hintergrund ist eine Reklame des inzwischen eingegangenen, einst in Venice herausgegebenen Magazins Wet, das in den 70er Jahren sehr einflußreich damit beschäftigt war, das angelinische ›New Wave‹-Graphic-Design bekannt zu machen.

Türöffnungen in der Eßecke bilden den Zugang zum Wohnbereich. Das Geländer der Galerie ist mit Maschendraht verzäunt.

Das Arbeitszimmer führt zu einer Treppe, die auf die Dachterrasse hinausgeht. Die Geborgenheit vermittelnde Dachform ist überall im Haus gegenwärtig.

Jane Spillers Doppelhaus

Wie das Caplin-Haus liegt auch das für die Filmemacherin Jane Spiller entworfene Doppelhaus in Venice. Es wurde im Jahr 1980 von Frank Gehry kurz nach der Umgestaltung seines eigenen Heims in Santa Monica gebaut. Gehry hat eine Menge baulicher Annehmlichkeiten in das äußerst kleine Grundstück mit den Ausmaßen 30 mal 10 Meter hineingepfropft: Vorne steht eine zweigeschossige Baueinheit mit kleinem Vorgarten, die vermietet wird; dahinter erstreckt sich ein dreigeschossiger Wohnturm, der sich über einer Garage für vier Fahrzeuge erhebt und durch einen Hof zu erreichen ist. Der Turm verdankt seine Entstehung den strengen Bauvorschriften, die das Zahlenverhältnis der Geschosse zur jeweiligen Grundstücksfläche regeln, und verbindet die so gewonnene Etagenlösung mit einem Rundum-Blick vom oben gelegenen Wohnzimmer auf das Meer.

Der Turm ist mit Wellblech verkleidet, doch Gehry hat an einigen Stellen die darunterliegende Konstruktion der Holzrahmen freigelegt. Die Wärme des Holzes, das im Inneren gänzlich unverkleidet bleibt, kontrastiert von außen aufs Angenehmste mit der Kühle des Metalls. Auf der Höhe des Daches wird der elegante vertikale Rhythmus unterbrochen, besonders deutlich an der zweigeschossigen Einheit, wo schräge Solar-Paneele, Deckenfenster, ein Gitter und ein abgewinkeltes Erkerfenster optisch den Klang einer beschwingten Dissonanz erzeugen.

Man betritt das Haus durch einen kleinen, mit majestätischen Palmen bewachsenen Hof und schreitet dann weiter über eine steile Treppenflucht. Draußen vor dem Wohnbereich öffnet sich ein kleiner Dachgarten, der von einem gewinkelten rankenüberwucherten Pflanzengitter bedeckt ist. Die Innentreppe steigt vom unteren Geschoß mit den Schlafzimmern zum Wohnbereich und weiter bis zu einer Ruheplattform auf, die sich zusammen mit einem Gästezimmer über der Küche befindet. Die Treppe setzt sich bis auf die Dachterrasse fort, die einen phantastischen Ausblick auf den Strand und die Palmen von Venice Beach bietet.

Der hier vom palmenbewachsenen Hof aus gesehene Wohnturm wird durch die Wellblechverkleidung ebenfalls in seiner Vertikalen betont.

Obwohl er nicht gerade groß ist, wirkt der Wohnraum doch verschwenderisch schön. Mit vielen Mitteln hat Gehry hier den Raum optisch entschieden vergrößert: Die vertikalen Holzlatten über dem Kamin erhöhen beispielsweise die Tiefenwirkung des Raums und betonen zudem eindrucksvoll die Vertikale.

Der Wohnbereich der Spillers wird durch riesige Deckenlichter geradezu verschwenderisch beleuchtet.

Über dem Wohnraum gehen die Treppen in die Fenster und andere sichtbar gelassene Bauelemente über: gegeneinandergesetzte Schichten von Metall und Holz bilden eine dicht gedrängte Collage, durch die in einer Vielfalt von Mustern das Sonnenlicht hindurchströmt. Die Verglasung garantiert vollkommene Abgeschlossenheit, die Bewohner jedoch können von innen heraus den Aufgang des Mondes und dessen Bahn am nächtlichen Firmament verfolgen.

Die Formensprache dieses Hauses hatte Gehry bereits im eigenen Heim entwickelt, hier aber mußte er zusätzlich einer rigoros beschränkten Finanzlage Rechnung tragen. So ergab sich die Zielsetzung, die billigsten Baumaterialien visuell auszuschöpfen, was vor allem für das Holzgerüst des Hauses gilt, das Gehry wegen seiner Wärme und Lebhaftigkeit bevorzugte. Ohne auf geltende architektonische Konventionen zu achten, ließ man Nägel, Haken an den Querbalken und metallene Eckstreifen offen stehen und machte so die Baugliederung sichtbar.

Der geniale Entwurf für dieses winzige Grundstück hat ein Haus voller Überraschungen entstehen lassen und aus der Beschränkung heraus einen prachtvollen Wohnraum mit weißen Wänden, viel Holz, Licht und Platz geschaffen.

Das Lawrence-Haus

Am südlichen Ende der Bucht von Santa Monica liegt die ruhige Gemeinde von Hermosa Beach, wo sich ein Haus von Morphosis aus dem Jahr 1983 befindet. Seine Besitzer sind William und Dorothy Lawrence, ein Rentnerehepaar: die beiden wünschten sich ein solides Haus, in dem sie den Besuch von Familienmitgliedern und Freunden empfangen und selbst bequem wohnen konnten.

Nur eine einzige Häuserzeile trennt das Eigentum der Lawrence vom Meer, und deshalb entwarf Morphosis das Haus sozusagen ›von oben nach unten‹, um den Meeresblick voll auszukosten. Die Wohnräume liegen oben, die Schlafzimmer darunter, und eine

Durch die Fenster in der rückwärtigen Hauswand des Lawrence-Hauses fällt der Blick auf den Wintergarten. Dahinter steigt – innerhalb des Rahmens, der durch die mit galvanisiertem Metall verkleideten Außenwände geschaffen wird – das mit Asphaltschindeln bedeckte Schrägdach an. Die Gebäudehöhe von drei Stockwerken gestattet den Blick auf das Meer.

Morphosis entwarf eine Reihe von perspektivischen Durchblicken. Hier fällt der Blick durch eine Maueröffnung in der gegenüberliegenden Seite des Lichtschachtes hinein in die Küche.

Die Eingangstüren sind in eine Wand aus Glasbausteinen eingelassen. Innen bildet die Eingangshalle die untere Plattform eines halbrunden, bis zum Dach des Gebäudes hinaufsteigenden Schachtes. Auf jeder Etage ist das halbrunde Treppenhaus der zentrale Ausgangspunkt für alle Wege. Von diesem Balkon auf dem obersten Stockwerk kann man durch eine Öffnung in das Bad sehen.

Garage nimmt das Erdgeschoß ein. Da das Grundstück mit 10 mal 29 Metern sehr schmal ist, mußten drei Stockwerke geplant werden, um genügend Wohnraum zu schaffen.

Das Entree erreicht man über einen schmalen Gang, der genau in der Mitte zwischen Vorder- und Rückfront des Hauses liegt. Innerhalb der verglasten Eingangstüren hat Morphosis eine halbrunde, bis zum Dach durchgehende Halle entworfen, die als Lichtbrunnen dient und so gleichsam den Hauptanziehungspunkt des Hauses darstellt, denn auf allen Etagen gehen die Zugänge zu den einzelnen Räumen von dieser Halle aus. Doppeltreppen, die aus baupolizeilichen Gründen notwendig waren, durchsteigen den Raum zu beiden Seiten des Umgangsschachts und gestatten im Haus die verschiedensten Durchblicke und Wege zum Ziel. Durch die Treppenstufen kann man einen Blick auf die Hauptwohnräume werfen, die häufig auf Zwischengeschossen angesiedelt sind; Rundgänge durch das Haus werden so allerdings zu einer ziemlich komplizierten Angelegenheit. Die Räume sind nicht überdimensional groß, aber doch von komfortablen Ausmaßen, und alle besitzen sie einen Kamin.

Die weiträumig gestaltete Küche hat mit Marmorplatten abgedeckte Arbeitsflächen und ein luftighohes Schrägdach, das sie mit der erweiterten Eingangshalle teilt. Aus der sich hieran anschließenden Eßecke fällt der Blick von einem erhöhten Niveau aus über das Wohnzimmer, und durch die großen Fenster mit den Metallrahmen kann man den Ozean sehen.

Das Haus ist ganz mit galvanisiertem Metall verkleidet, das nach und nach durch die Erosionswirkung der Seeluft eine interessante Patina angenommen hat. Die herausstehenden Metallnähte wirken wie ein Gitter auf den rechteckigen Fassadengliedern; so wendet das Gebäude der Straße und dem Meer ein strenges, aber doch elegantes Anlitz zu.

Die strenge Fassade ist mit galvanisiertem Metall verkleidet, das feingeschliffene, herausstehende Nahtstellen aufweist; seine Patina verdankt das Material der erosiven Wirkung der Seeluft.

Das zentral gelegene Bad, von einem angrenzenden Ankleideraum aus gesehen. Die Küche öffnet sich in das darüberliegende Schrägdach, das sie mit dem vertikal verlängerten Vestibül teilt. Die Arbeitsflächen sind mit Marmor bedeckt. (Abb. rechts) Blick in den Wohnraum mit einem Kaminplatz aus Granit.

Das Norton-Haus

Das 1983 entstandene Norton-Haus ist ein relativ junges Projekt von Frank Gehry; es liegt an einem ruhigen Abschnitt der Uferpromenade von Venice und bietet einen ungestörten Ausblick auf Sandstrand, Palmen und Surfer. Es ist von den üblichen buntgescheckten Apartmenthäusern und Bungalows dieser Gegend umgeben, mit Ausnahme des Nachbarhauses zur Linken, das sich als 20er-Jahre-Cottage im echten ›Strandräuber-Stil‹ präsentiert. Bill und seine Frau Lynn Norton, ihres Zeichens Drehbuchrevisorin (er arbeitet als Filmregisseur), wollten in diesem Haus gleichzeitig wohnen, arbeiten und ihre Freizeit genießen können. Die Aussicht sollte unverbaut bleiben, auf der anderen Seite wollte man sich aber auch den neugierigen Blikken von der Uferpromenade her entziehen.

So verlegte Gehry die Wohnräume hinter eine geräumige offene Terrasse auf der ersten Etage. Im Erdgeschoß darunter liegt Lynns blaugekacheltes Büro, an dessen Seiten Treppen vom Eingangstor zur Terrasse hinaufführen. In derselben Blickrichtung verläuft eine zweite Treppenflucht weiter vom zweiten Stock auf das Dach. Diese Achse von Außentreppen spielt eine wichtige Rolle in der Gesamtkonzeption des Gebäudes, die sich als Ensemble von – für sich genommen – recht unaufdringlichen Elementen als eine bis ins kleinste Detail durchstrukturierte Komposition darbietet.

Das auffälligste an diesen Kompositionselementen ist der metaphorische ›Rettungsschwimmer-Turm‹. Gehry entwickelte dieses vertikale Element nahe der Eingangstür, um ein Gegengewicht für den massigen Wohnbau dahinter zu schaffen. Gehry wußte, daß Norton während seiner Studienzeit an der Universität von Kalifornien als Rettungsschwimmer gearbeitet hatte, und so baute er ihm hier sein eigenes ›Rettungsschwimmer-Türmchen‹, das als Büro genutzt wird. Der leicht surreal angehauchte Kunstgriff gibt der Terrasse etwas von der Bühnendekoration eines Robert Wilson. Ein weiterer ›Gag‹ stellt die freistehende Skulptur aus Baumstämmen dar, die, komplett mit Rinde, vor Lynns Büro die Funktion eines Sonnenschutzes erfüllt und darüber hinaus einen warmen Kontrast zu den kühlen Werkstoffen – Metall und Kacheln – bildet.

Die Innenräume des Hauses erscheinen im Vergleich zu der extravaganten Außenansicht ziemlich konventionell, sie wurden jedoch durch den Einsatz von Farbe sehr lebendig gestaltet und sind klug geplant, um Aussicht und Licht voll auszunutzen.

Das Wohnhaus der Nortons leistet mit seiner witzigen und beziehungsreichen Form einen kühnen Beitrag zur lebendigen Tradition der Strandarchitektur. Vor allem seine unmittelbare Lage neben dem Strandhausveteran im ›Strandräuber-Stil‹ ist ideal: Dessen willkürlich wuchernde Exzentrik liefert eine perfekt kontrastierende Kulisse, vor der sich die kultivierte Weltoffenheit des geistreichen Norton-Hauses um so deutlicher ausnimmt.

Das Äußere des Norton-Hauses im Zusammenspiel mit seinen Nachbarn im ›Strandräuber‹-Stil. Neben dem blaugekachelten Vorbau, der Lynns Büro beherbergt, führen Treppen auf den Balkon im ersten Stock, an den sich der Wohnraum anschließt. Darüber befindet sich der Hauptschlafraum ebenfalls mit einem kleinen Balkon; Außentreppen und Sonnendächer aus Wellblech leiten in die Dachzone über.

Eine Nahaufnahme des Nortonschen ›Rettungsschwimmer-Turms‹, die zugleich die Ausführung der Fensterläden demonstriert. Das Schlafzimmer mit seinem kleinen Balkon bietet Ausblick auf den Turm und das dahinterliegende Meer.

Breite französische Türen führen aus dem Wohnzimmer auf den Balkon. Das Gemälde von Roberto Chavez hängt über zwei Stühlen, die von den Besitzern während einer Reise an der Elfenbeinküste entdeckt wurden.

Dieser kühn konzipierte Kamin steht in einem Erkerfenster im Kinderzimmer.

Der ›Rettungsschwimmer-Turm‹, Nortons Büro, ist über eine kurze Treppe zu erreichen. Ein Navajo-Webteppich wird gerade durch das Deckenlicht von der Sonne beschienen.

KAPITEL 6

WEST SIDE STORIES

Versteckt in den Südhängen der Ausläufer des Santa-Monica-Gebirges entdeckt man eine der begehrtesten Wohnlagen Kaliforniens. Hier läßt es sich noch trefflich leben; denn dies scheint ein Platz zu sein, wo die meisten städtischen Probleme sehr weit zurücktreten. Es handelt sich um die berühmte West Side, in der sich solche Luxusenklaven wie Beverly Hills, Bel Air, Westwood, Brentwood, Santa Monica und Pacific Palisades erstrecken.

Im Gegensatz zu der blühenden grünen Landschaft, die wir heute so gerne für selbstverständlich halten, zeigen frühe Aufnahmen derselben Gegend nur steinige, mit karger Vegetation bewachsene Abhänge, so daß die Verwandlung in einen wahren Garten Eden an ein Wunder grenzt. Wasser, das in einem solchen Wüstenklima stets Mangelware ist, war die notwendige Voraussetzung, um dieses Wunder zu vollbringen; dank des Ehrgeizes früherer Stadtväter, die Langzeitverträge mit Nachbarregionen des Staates abschlossen, wurde es möglich, Wasser mit Hilfe eines Aquäduktes in dieses Wüstenareal zu führen. Durch die nunmehr ausreichende Wasserversorgung und die allgegenwärtigen Rasensprenger hat sich der einst unfruchtbare Landstrich in einen Garten mit üppiger subtropischer Vegetation verwandelt.

Die Südgrenze dieser Gegend wird durch den Wilshire Boulevard markiert, der östlich vom Stadtzentrum und westlich vom Meer bei Santa Monica verläuft. Nördlich vom Wilshire werden die Grundstükke sichtbar größer, bis die Bergausläufer beginnen und das gitterförmige Straßennetz durch kurvenreiche Straßen ersetzt wird. Grob betrachtet, ist das ab dem Sunset Boulevard der Fall, der ebenfalls in ostwestlicher Richtung verläuft, allerdings nicht als eine gerade Linie wie der Wilshire Boulevard, sondern in Serpentinen, bis er dann kurz hinter Pacific Palisades den Ozean erreicht. Nördlich vom Sunset gibt es nur noch kurvenreiche Landsträßchen, die von riesigen Bäumen und dichtem Unterholz eingefaßt werden. In diesen Vierteln mit protzigen Parkgrundstücken wie beispielsweise in Bel Air erhascht man, wenn überhaupt, nur einen flüchtigen Blick durch die wuchernde Vegetation und abschreckend gesicherte Tore auf die Gebäude. Dies ist das Reservat der Hollywood-Stars, in das nur ausgewählte Fernsehteams von Zeit zu Zeit eindringen dürfen, um jene hochprivaten Streiflichter über den Äther zu schicken, die den touristischen Besuchern dieser Gegend aus dem Fenster des Busses nicht zuteil werden.

Da er in zahllosen Kino- und Dokumentarfilmen und ebenso vielen Fernseh-Shows verewigt wurde, erübrigt sich die Darstellung des Mythos ›Beverly Hills‹ an dieser Stelle. Realität und Mythos sind dabei so eng verwoben, daß jeder Unterscheidungsversuch vermutlich fruchtlos bliebe.

Trotz der ständigen Bewegung auf dem Immobilienmarkt dieser aufregenden Wohngegend zwischen Sunset und dem Geschäftsviertel (die durchschnittliche Wohndauer liegt hier mit drei bis vier Jahren überaus niedrig) gibt es wenig Bemerkenswertes im Hinblick auf die hiesige Architektur zu berichten. Die Bautätigkeit beschränkt sich fast ausschließlich auf das beliebte Ritual des »exterior decorating«, eine Art architektonischer Fassadenkosmetik: Zieht ein neuer Besitzer ein, wird das Äußere (und meist auch das Innere) eines Hauses komplett umgestaltet.

Westwood ist ein Zentrum der gehobenen Unterhaltung, doch hier liegt auch der Campus der Universität von Kalifornien. Jeder, der dem Gerücht glaubt, daß L. A. kein Nachtleben auf Straßen besitzt, sollte einmal am Wochenende – oder auch an einem ganz normalen Abend – nach Westwood kommen; er würde hier eines Besseren belehrt, denn Westwood ist abends so lebhaft und überfüllt wie nur irgendeine europäische Stadt. In Westwood, Schaufenster von Hollywood, drängen sich in einem einzigen Straßenblock mehr erstklassige Lichtspielhäuser zusammen als irgendwo sonst in den Vereinigten Staaten.

Im weiter westlich liegenden Brentwood geht es weniger stürmisch zu. Wie Pacific Palisades ist Brentwood ein eher gesetzter Ort, nahe am Meer; in ländlichem Ambiente zu Füßen der Berge gelegen, ist man hier weit entfernt vom Streß der Großstadt.

Santa Monica ist die älteste Gemeinde der West Side; sie liegt auf den Meeresklippen und wird von dem wundervollen Santa-Monica-Pier durchschnitten. Hinter Palisade Park, einer mit prachtvollen Palmen gerahmten Uferpromenade im europäischen Stil, liegen die großen Hotels, eine von Frank Gehry

Diese Beverly-Hills-Villa aus den 60ern ist ein treffliches Beispiel für ›Fassadenkosmetik‹. Ihre Originalfassade, eine klassisch-schlichte Front im chinesischen Stil mit dazugehörigem Landschaftsgarten, überlebte bis 1979, als …

… der Architekt Chris Dawson dasselbe Haus für den neuen Besitzer, einen Filmstar, umbaute, indem er dem Äußeren eine spät-modernistische Gesichtsoperation verordnete und die beschnittenen Bäumchen durch eine minimalistische Stein- und Graslandschaft ersetzte.

Gehry entfernte einige der ursprünglichen Wände, um einen hellen, großen Raum mit gerundeten Holzsäulen zu schaffen, der nun ein neues Deckenfenster im freigelegten Dachstuhl besitzt. Im Tagesraum mit den originalen Felswänden ringsherum steht ein breiter Diwan von Binder und Steinberg.

entworfene Einkaufspassage und ein nettes Bürgerzentrum. Die Wohnviertel, attraktiv und teuer, üben ihre Anziehungskraft besonders auf gutsituierte Familien aus, die ein erstklassiges Schulsystem, saubere, smogfreie Luft und kühle Temperaturen zu schätzen wissen.

Alle in diesem Kapitel vorgestellten Projekte haben eine vornehme Umgebung gemeinsam, von der ›haute-volée-Vorstadt‹ Beverly Hills bis hin zu den etwas korrekteren Versionen von Pacific Palisades und Santa Monica. Trotz Reichtum und konservativer Gesinnung findet man in der West Side einige der originellsten Gebäude der jüngeren amerikanischen Architektur, unter anderem das Wohnhaus der Gehrys und das Petal House.

Das Haus in den Cheviot Hills

1977 erhielt Frank Gehry den Auftrag zum Umbau eines Bungalows aus den 40er Jahren, der sich in den Cheviot Hills in der Nähe von Westwood befindet; Auftraggeber war eine große Gesellschaft, die mit japanischen Produkten handelte. So ist es nicht verwunderlich, daß die Architektur und die Schmuckformen des Hauses eine ganze Reihe von Zitaten aus der japanischen Baukunst anklingen lassen: Die mit Kork und Formica furnierten Möbel wurden von Saran Binder und Lenny Steinberg entworfen, die auch ein spezielles Farbdesign für das gesamte Projekt kreiert haben.

Dieses Haus war sozusagen die Keimzelle des Gehryschen Architekturkonzepts, das darauf abzielt, die Wand- beziehungsweise Deckenhaut aufzureißen und die darunterliegende Baustruktur zu entblößen. Was hier erstmals erprobt wurde, fand dann in Gehrys eigenem Haus und in dem von Doreen Nelson eine noch ausgefeiltere Durchführung. Die Erweiterung von Wand und Decke vollzieht sich hier in der Mitte des Wohnraums, wo ein Deckenfenster in das darüberliegende Dach geschnitten wurde, so daß Licht durch den einsehbaren Dachstuhl in den Raum einfallen kann. Der so geschaffene Innenraum macht einen schlichten, hellen und aufgeräumten Eindruck, der zwar an japanische Interieurs erinnert, aber doch auch den Originalcharakter des 40er-Jahre-Hauses mit seinen großzügigen Stahlrahmenfenstern beibehält.

Der Eßtisch des Nelson-Hauses (das Teeservice stammt von Roy Lichtenstein) ist von sandstrahlgeglätteten Latten und Pfosten aus Mammutholz umgeben; nur ein kleiner Teil der ursprünglich komplett verputzten Wand wurde beibehalten.

Das Nelson-Haus

Zur selben Zeit, als Gehry an seinem eigenen Haus arbeitete, erwarb auch seine Schwester, Doreen Nelson, ein neues Haus in Santa Monica, einen Bungalow im spanischen Stil der 30er Jahre. Gehry sollte hier den Flügel umbauen, der Küche und Eßzimmer beherbergt, und zwar so billig wie möglich.

Frei nach der Methode, die sich bereits beim Umbau des eigenen Hauses bewährt hatte, riß Gehry zunächst den alten Verputz herunter, um das darunterliegende Gerüst aus Mammutholz freizulegen und als neue Wandoberfläche zu nutzen. Als ›archäologischer Beweis‹ wurde hinter dem Eßtisch ein Teil des alten Putzes stehengelassen, um gleichzeitig jedoch auch den Tisch vor dem Hintergrund dieser neutralen Folie zu betonen.

Eine Laterne über dem Eßzimmer wurde ebenfalls bis auf das blanke Holz freigelegt. Man schuf auf diese Weise einen neuen Lichtgaden und installierte Glühbirnen auf dem oberen Rand der Laterne, so daß das hereinfallende Licht gefiltert und die Naturholzflächen sanft beleuchtet werden. Das auch hier mit Sandstrahl bearbeitete Mammutholz verbreitet eine eigentümliche Wärme und sorgt für eine interessante Oberflächengliederung.

Mammutholz, das während der 30er Jahre als billiges Baumaterial galt, ist heute bekanntermaßen ein Luxus und wird nur noch für sehr teure Ausführungen verwendet. Gehry bedachte so seine Schwester mit einer ›Luxusküche‹ bei minimalem finanziellen Aufwand, indem er einfach das bereits vorhandene Holz wieder freilegte.

Von einem erhöhten Punkt der Straße aus kann man diese beiden Seiten des Hauses Nummer 708 erkennen.

Das Haus Nummer 708

Das Haus Nummer 708, Familiendomizil des Architekten Eric Moss, entstand 1979 als Anbau zu einem Bungalow von James Caughey, der 1949 im damals aktuellen Übergangsstil zwischen ›Ranch‹ und ›Moderne‹ gebaut worden war. Der über einer Garage

Die Moss-Kinder demonstrieren gerade, wie diese Laufplanke, die man vom Schlafzimmer auf das Flachdach des Originalhauses herunterläßt, benutzt wird. Rechts die von einem Deckenfenster erhellte Treppenstiege.

Das neue Elternschlafzimmer mit der Treppe. Zwischen den beiden Fenstern kann man die Laufplanke in nunmehr heraufgezogenem Zustand ausmachen. Die Rückseite des Attrappengiebels, die durch das auffällige Tupfenmuster betont wird.

liegende Anbau enthält ein Elternschlafzimmer mit Bad, das mit dem übrigen Haus durch eine glasüberdachte Treppe verbunden ist.

Dieser Vorläufer des ausgefeilteren Petal House liegt in einer ruhigen Vorstadtstraße im konservativen Pacific Palisades, der einstigen Heimstatt von Ronald und Nancy Reagan. Im Grunde handelt es sich lediglich um einen einfachen ›Kasten‹, dem mit dekorativen Elementen größere Komplexität verliehen wurde. So hat Moss die Fassade zu einer wahren Collage aus ›echten‹ Elementen (Fenster, Schornstein, überdimensionale Hausnummer als Fassadenschmuck, schiefes Gittermuster und Kachelstreifen) und ›unechten‹ Elementen (z. B. Attrappengiebel und falsche Strebepfeiler) gestaltet und der Anlage so ein überraschendes und ungewöhnliches Design verliehen. Die Hausnummer ist von plakativer Größe, eine der Ziffern bedeckt jene Hauswand, die von der Straße aus zu sehen ist. Dieses Experiment einer ›Riesengraphik‹ geht sicherlich über die schiere Funktion hinaus, ein Haus für den Pizza-Lieferanten unverfehlbar zu machen; zudem müßte man alle drei Fassaden gleichzeitig im Auge haben, um die vollständige Zahl zu überblicken.

Die Giebelattrappe suggeriert ein stilisiertes konventionelles Dachprofil, das aussieht, als sei es aus Pappkarton ausgeschnitten; es umfaßt den typisierten, aber erstaunlicherweise ›echten‹ Schornstein. Die Rückseite betont dabei aber das schreiende Tupfenmuster paradox als bloße Spielerei. Die kleinen Fensterchen von Bad und Ankleideraum sind in die Riesenziffern einbezogen, und die ganze Collage scheint durch das schiefe Gittermuster wie zusammengehalten – ein Motiv, das seinen Ursprung aus den bewegten ›New Wave‹-Strukturen der 70er Jahre bezieht.

Die Komposition als Ganzes sieht aus, als habe man sie aus Pappe zusammengeschnitten und die einzelnen Elemente ein wenig ›falsch‹ aufgeklebt – und doch wirkt alles gerade ›richtig‹ so. Wie aufsehenerregend das Haus Nummer 708 in seiner korrekten, vorstädtischen Umgebung auch wirken mag, seine Verspieltheit und Detailfreudigkeit sind entwaffnend, nichts erinnert hier an die Aggressivität des Gehry-Hauses in Santa-Monica.

STOP

Das Horn-Haus

Fred Fischer hat im Jahre 1980 dieses Haus in Bel Air umgebaut; aus einem Bungalow von 1950, der ursprünglich aus einer Reihe kleiner, dunkler Zimmer bestand, hat er die Wände herausgerissen und so einen einzigen hellen, freundlichen Wohnraum geschaffen.

Um diesen neuen Großraum mit abgeschrägtem Dach zu gliedern, schuf Fisher ein Podest mit gekacheltem Rand und Marmorstufen, einen freistehenden Kamin aus verschiedenfarbigen Kachelflächen, eine raumteilende Herdzeile gegenüber der Küche – mit einer spielerisch angebrachten stählernen ›Stützsäule‹ an einer Seite – und ein getrepptes Bücherregal. Jedem dieser Bauelemente ist eine bestimmte Funktion zugeordnet; gemeinsam schaffen sie einen starken architektonischen Zusammenhalt für das ansonsten eher indifferente Vakuum des großen Raumes. Die Fensterfront auf der einen Seite rahmt eine wunderschöne Palme, ein paar Stufen führen hinaus zu einem nierenförmigen Pool; insgesamt ein stilvolles und funktionales Ambiente für einen Junggesellen, der es versteht, sein Leben zu genießen.

Fisher benutzte verschiedenfarbige Kachelflächen, um eine graphische Oberflächengestaltung zu erreichen.

Eine Studierecke am Ende des Podestes mit gekachelter Sichtseite und Marmorstufe. Das große Fenster, das den Blick über einen tropischen Garten mit Swimming-pool freigibt, gehörte bereits zu dem Originalhaus.

Schränke mit gesprenkelten zolatonierten Oberflächen über der Küchentheke werden von einem Metallpfosten gestützt. Diese Theke verdeckt auch eine kleine Arbeitsecke, die auf einen Hof hinaussieht.

Nach Entfernung der ursprünglichen Zimmerwände entstand ein einziger heller Wohnraum, dessen individuelle Zonen jeweils durch mehrere architektonische ›Ereignisse‹ definiert sind. Links befindet sich die leicht erhöhte Eßecke mit einem Tisch von Guy Dill.

Hinter der neuen Baukonstruktion kann man noch das alte Haus erkennen. Rechts befindet sich die neue Galerie, links, unter dem Metallkäfig, steht eine Skulptur von Mark di Suvero.

Die Putzwand der neuen Galerie und die sich nach oben verjüngende Treppe, die auf den Balkon führt. Im Bildvordergrund eine aus Flußsteinen bestehende und in den Boden eingelassene Skulptur von Lloyd Hamrol.

Ein Haus in Brentwood

1981 schufen die Architekten Elyse Grinstein und Jeffrey Daniels von der Firma Grinstein/Daniels einen Anbau zu einem Familienhaus der 30er Jahre in einer abgeschirmten Gegend von Brentwood. Das relativ hohe Haus erlaubt faszinierende Ausblicke bis in den Mandeville Canyon – wo man das Haus von Thomas Mann sehen kann – und hinüber zum Pazifik.

Lange diente das Haus als Lagerstätte für die Kunstsammlung seines Besitzers. Als dieser ein Werk von Frank Stella erwarb, dessen Maße zu groß für die existierenden Räume waren, schien die Zeit gekommen, den zur Verfügung stehenden Platz zu erweitern. Grinstein und Daniels ersetzten eine Sonnenveranda auf der Rückseite des Hauses durch eine neue Galerie. Das Ergebnis präsentiert sich als ein hoher, fensterloser Raum, der die größtmögliche Wandfläche zum Aufhängen der Bilder bietet. Als Konzession an eine mögliche Benutzung als Wohnraum haben die Architekten eine Kaminecke hinzugefügt.

Der Terrazzo-Fußboden der früheren Sonnenveranda wurde beibehalten und über die neugeschaffene, erweiterte Bodenfläche ausgedehnt. Spuren der alten Zimmerwände wurden in verschiedenen Farben abgesetzt und dienen so als ›archäologische‹ Reminiszenz. An die Galerie fügt sich ein kleiner, hallenähnlicher Raum an, der eine große Skulptur von Richard Serra, eine Konstruktion aus gegeneinandergelehnten Bleiplatten, aufgenommen hat. Von hier öffnen sich Schiebetüren in den hinter dem Haus liegenden Garten.

Die Rückseite des Hauses wurde durch die neue Konstruktion aus sorgfältig zusammengefügten, skulptural wirkenden Elementen effektvoll verändert. Hinter den neuen Bauschichten, in die sich unter anderem ein teilweise mit Drahtnetzen verhangener Balkon eingliedert, ist noch das alte Gebäude zu sehen, dessen Umwandlung – oberflächlich betrachtet – an die Gehry-Villa erinnert. Die neue Galerie besteht nach außen hin aus einer großen, verputzten Kastenform, deren Treppenstiegen auf

den Balkon hinaus führen. Der Balkon besitzt ein Sonnendach, das lose über die neue Konstruktion gehängt wurde. Es besteht aus Fiberglas, demselben Material, das man in Gewächshäusern zur Filterung des Sonnenlichts benutzt.

Der ruhende Pol der Komposition wird durch die soliden Formen des verputzten Kastenbaus gebildet. Das als Ganzes den Blicken entzogene alte Gebäude wirkt eher verschleiert als eingesperrt; seine würdige Präsenz im Hintergrund wird durch die surrealen Netze, die wie ein abgelegter Umhang über das Dach geworfen wirken, noch weiter ›besänftigt‹ – eine romantische Geste, die einen Künstler wie Cocteau sicher fasziniert hätte.

Durch die Türöffnung ist eine Skulptur in Blei von Richard Serra zu sehen. Rechts befindet sich ein Pendel von Jackie Windsor, darüber schwebt ein Luftschiff von Bryan Hunt, links Oldenburgs Eisbeutel.

Metallstufen mit indirekter Neonbeleuchtung führen zu dem Balkon; er ist teilweise mit Netzen aus Fiberglas verhangen, die über Stahlstreben und das Dachgeländer ›geworfen‹ sind.

Eine große Freiluftplastik von Charles Arnoldi füllt diese ruhige Ecke an der Seite des Hauses aus.

Die bunte Mischung aus Einrichtungsgegenständen in der Galerie wird von Frank Stellas riesigem Aluminiumobjekt Unzugängliches Inselgleis *dominiert.*

Von der großen Hängematte auf dem Balkon hat man einen phantastischen Ausblick über die Santa-Monica-Berge bis zum Meer. ▶

Der neue Galerieraum. Rechts neben dem Kamin hängt ein Shaped Canvas von Ellsworth Kelly, über dem Kamin eine Arbeit von Donald Judd. Ganz rechts im Bild sieht man einen Ausschnitt aus einer großen Collage von Rauschenberg. ▶▶

Grinstein und Daniels legten die Holzlatten der Wohnzimmerdecke frei, um die visuelle Wirkung zu erhöhen und die Akustik innerhalb des geräuschvollen Familienraums zu verbessern. Ein mexikanischer Leuchter hängt vor Alan Ruppersbergs Al's Cafe, über dem sich noch ein weiteres Werk desselben Künstlers befindet. Jim Ganzers Weltrekord-Lampe aus Palmwedeln und Fundstücken steht auf der rechten Seite.

Ein Holzstuhl des Künstlers Alex Hay steht neben einem Objekt von Joe Godde.

Die Eßecke führt auf einen Dachgarten, den man für Grillfeste benutzt. Im Gästeschlafzimmer verdecken drei abgestufte Schrankelemente den kleinen Ankleidebereich.

Das Koning/Eizenberg-Haus

Hank Koning und Julie Eizenberg verließen im Jahre 1979 ihre Heimat Australien, um an der Universität von Kalifornien ihre Abschlußdiplome in Architektur zu erwerben; heute haben sie ihre eigene gutgehende Firma, Koning/Eizenberg, mit Sitz in Santa Monica. Die zwei Gebäudeteile ihres 1982 entstandenen Doppelhauses sind durch einen gemeinsamen Garten und einen Erdgeschoßtrakt, der die Atelierräume beherbergt, getrennt; über diesem Mittelbau liegt ein Dachgarten. In dem rückwärtigen Gebäudeteil befinden sich die Wohnräume, die Koning und Eizenberg gemeinsam mit ihrem Kind bewohnen, die vordere Wohneinheit ist vermietet. Im Erdgeschoß sind die Garagen, darüber die Wohnregion, im zweiten Stock schließlich die Schlafzimmer.

Der helle und luftige Wohnraum wird durch einen freistehenden Holzverbrennungsofen beheizt. Ein von außen befestigter, drehbarer Holzschirm vor dem hohen Südfenster im Sitzbereich hält die Sonne ab. Der Eßtisch wurde von den Architekten selbst entworfen und besteht aus einer großen Sperrholzplatte, die von unten mit gespannten Drähten verstärkt wird. Ein Frühstückszimmer im ›Kombüsenstil‹, direkt neben der Küche, öffnet sich auf den Dachgarten, der mit vielen Pflanzen begrünt ist und oft zum Grillen einlädt. Das Paar leistete sich mit den Holzverschalungsarbeiten und sonstigen Ausführungen einen hohen Verarbeitungsstandard, wie sie ihn von Australien her gewohnt waren und wie man sich ihn in Los Angeles nur unter großem Aufwand erfüllen kann.

Koning und Eizenberg haben bei diesem Bau vor allem die Aufmerksamkeit auf das Verhältnis von Außen- und Innenraum gerichtet. Das nahtlose Ineinander von Draußen und Drinnen ist ein typisches Merkmal südkalifornischer Architektur; die Tugend solchen Bauens scheint jedoch unter den hier arbeitenden Architekten seit den Häusern des Case-Studien-Programms in den 50er Jahren erstaunlicherweise weitgehend in Vergessenheit geraten zu sein. (In Australien, wo das Klima dem südkaliforni-

schen vergleichbar ist, hat man bereitwilliger an einem baulichen Dialog zwischen Innen und Außen gearbeitet.) Koning und Eizenbergs Beschäftigung mit diesem Problem wird sofort beim Betreten des Hauses sichtbar, denn der Eingang befindet sich in dem gemeinsamen Garten der beiden Gebäudeteile. Der Trakt im Parterre, der die beiden Teilbereiche der Gesamtanlage verbindet, trifft neben dem Eingang auf die Glaswand der einen Wohneinheit und setzt sich durch sie hindurch in den Innenraum fort, wobei der Dachgarten seinerseits im Hausinneren in die Galerie des ersten Stocks nahtlos übergeht. Blickt man vom Wohnzimmer aus nach draußen auf den Garten mit dem rasend schnell wachsenden Bergahorn, hat man den Eindruck, als verlange die Galerie geradezu die Hinwendung nach draußen in Richtung Dachgarten.

Alle zentralen Blickführungen aus dem Innern des Hauses bündeln sich in diesem Bereich, lenken dabei die Aufmerksamkeit auf Garten und Dachgarten, die als integrierte Bestandteile des inneren Wohnbereichs gewertet werden, und verhelfen so einem charakteristischen Element kalifornischer Wohnkultur zu neuem Leben.

Der Wohnraum wird von einem Holzverbrennungsofen beheizt. Eine von außen montierte, bewegliche Sonnenblende aus Holz dämpft das durchs Südfenster einfallende Sonnenlicht.

Hinter dem großen Eßtisch aus Sperrholz tut sich ein Einbauschrank mit Schiebetür auf. Rechts die Küche im Kombüsenstil.

Die Eingangstüren mit dem Bergahorn daneben. Die Brüstung des eingeschossigen Mittelbaus führt durch die Glaswand des Haupthauses hindurch und wird im Inneren zur Balustrade der Wohnraumgalerie im ersten Stock.

Der Wandleuchter im Wohnraum besteht aus zersplittertem Windschutzscheibenglas, das zwischen halbrunden Glasscheiben wie in einem Sandwich eingeschlossen liegt.

Von oben nach unten wechselt diese Treppe subtil ihre Farbe. Das gebogene Haltegitter stellt die Anspielung auf ein Deco-Motiv im Außenhof dar. Das nur teilweise sichtbare Schieferbord ist ein Objekt von Jim Ganzer.

Das Santa-Monica-Haus

Obwohl der Umbau des Santa Monica-Hauses, den ein Filmautor und seine künstlerisch tätige Frau in Auftrag gaben, im Anschluß an den Minimalismus der Dixon-Villa eine unerwartete Wandlung darstellt, bleibt Brian Murphy doch auch hier dem Prinzip treu, seinen Kunden genau das zu geben, was sie haben wollen, allerdings so weit sich dies mit seinen Vorstellungen vereinbaren läßt.

Das ursprüngliche Haus stammt aus dem Jahre 1929 und ist im spanischen Stil errichtet. Die Eigentümer beauftragten Murphy zunächst mit der Umgestaltung ihrer Küche, waren jedoch von den Ergebnissen so angetan, daß sie sich dazu entschlossen, die Experimente auch auf andere Teile des Hauses auszudehnen. Murphy unterstützte ihre Vorlieben für Art deco und für alles Tropische und Orientalische. So entstand ein sehr exotisches, witziges und unkonventionelles Haus, das seine Besitzer humorvoll ihr ›spanisches Deco-Schiff‹ nennen.

Murphys grundlegende Vorgehensweise ist die, einen Effekt zu produzieren, um ihn sogleich in eine andere, als die zu erwartende Richtung abzufälschen, dabei grundsätzlich aber die visuelle Harmonie zu wahren. Im Wohnraum, unter dessen Decke eine ernst dreinblickende balinesische Garuda schwebt, sind die verschiedensten Elemente gemischt, die durch Murphys wohlkalkulierten Einsatz von Kachelflächen zu einer Einheit verbunden werden. Die Möbel bringen eine stilreine Atmosphäre von Art deco in das Arrangement ein, das sich ganz durchzusetzen vermag, da keine weiteren Raumdetails an diese Stilperiode erinnern. Die Decke ist überraschenderweise vollkommen schwarz gekachelt, ebenso der Durchgang in Form eines chinesischen Mondtores, durch den der Blick in das Eßzimmer fällt. Die Wandleuchter bestehen aus halbrunden, übereinandergestaffelten Glasscheiben, zwischen die eine Schicht aus zersplittertem Windschutzscheibenglas eingeschoben wurde. Auf einem niedrigen Fenstersims steht eine Reihe von Beleuchtungskörpern, die von dem angelinischen Designer Ron Rezek stammen. Der Couchtisch von Murphy besteht aus zwei Teilen, von denen der eine gekachelt ist und der andere aus reflektierendem Metall gefertigt wurde. Der ebenfalls von Murphy stammende

Der Garten, eine Gemeinschaftsarbeit von Murphy und dem Landschaftsgestalter Ivy Reed, stellt eine Synthese aus Deco und tropischem Ambiente dar. Speziell für diesen Zweck angefertigte Beton- und Terrakotta-Fliesen wiederholen das Gittermuster in Rosa und Grün, das sich auch im Inneren des Hauses befindet. Links sieht man das Vollmondfenster der Küche. Rechts französische Türen mit einer Verglasungssequenz im Verhältnis 1-5-10-15.

Diese Reihe von ›Iris‹-Lampen des aus Los Angeles stammenden Designers Ron Rezek beleuchtet die Decke aus schwarzen Kacheln. Die rosa gefärbte Eichenplattform am Zimmerrand läßt sich auch als Sitzgelegenheit nutzen.

Kamin ist mit einem gelungenen diagonalen Kachelstreifen versehen. All das wirkt recht eklektizistisch, jedoch durch die Art und Weise der Komposition nicht weniger homogen.

Im Wohnraum steht eine ›tropische‹ Bambuscouch, das Muster des Teppichs nimmt dasjenige der Kachelfußböden in den Außenhöfen auf. Die Einbauschränke sind mit Streifen aus Hochglanzlack verziert, die das Design der aus Kacheln bestehenden Wandleuchter widerspiegeln. Die französischen Türen, die sich zum Garten öffnen, sind in einer Sequenz im Verhältnis 1-5-10-15 verglast.

Der Eßraum, der sein Licht durch eine leicht gekrümmte Wand aus Glasbausteinen erhält und dessen Holzfußboden in einem glänzenden Hellblau abgesetzt ist, wird so zum ›Unterwasser-Raum‹. Wenn die Sonne direkt durch die Glasbausteine scheint, huschen prismatische Sprenkel über den Fußboden, dessen Blaufärbung auf Wänden und Decke reflektiert wird. Für eine ganz andere Beleuchtung am Abend sorgen drei von der Decke herabhängende Polizeischeinwerfer, deren Licht durch drei Rundscheiben aus dem Splitterglas einer Windschutzscheibe gebrochen wird. Auch in der Küche finden sich viele Kachelmotive aus dem übrigen Haus wieder. Unter einem Deckenlicht aus französischen Glasziegeln rahmt ein Rundfenster den Blick auf den Swimming-pool. Dieses Fenster aus dunkel gefärbtem Glas verleiht dem Blick nach draußen dieselbe intensive Helligkeit, die auch im Rauminnern vorherrscht, so daß die Illusion entsteht, es handle sich um ein gemaltes Panorama. Unter dem Fenster lockt ein weiteres Fantasy-Element: Ein Frühstückstisch mit Stühlen von Lisa Lombardi, in der Form riesiger Gemüsepflanzen.

Eine Frühstücksecke mit Möbeln von Lisa Lombardi. Oben ein großes Deckenlicht aus gläsernen französischen Dachziegeln. Das Mondfenster ist getönt, um drinnen und draußen dieselbe Lichtintensität zu erreichen.

Der blaugestrichene Eichenfußboden des Eßzimmers schafft eine Unterwasser-Atmosphäre. Für die Abendbeleuchtung sorgen Polizeischeinwerfer, die ihr Licht durch Scheiben aus gesplittertem Windschutzscheibenglas strahlen.

In einem der Bäder wiederholt Murphy das Kachelmuster, das auch sonst im Haus oft zu finden ist. Die Wände und die Deckenelemente sind aus gewelltem Fiberglas.

Das Zentrum des Hauptbades wird von dieser Duschröhre aus Glasbausteinen gebildet, um die herum die anderen sanitären Einrichtungen angeordnet sind.

Ein Ausschnitt aus dem Kachelmuster des Fußbodens in der Frühstücksecke.

Der spannungsreiche Effekt des Wohnraums wird vor allem durch das abgesenkte Bodenniveau und die schwarzgekachelte Decke erzielt. Eine balinesische Garuda schwebt majestätisch über den Deco-Polstermöbeln sowie über den beiden metallenen bzw. gekachelten Couchtischchen. Der Kaminmantel und die Türöffnung sind ebenfalls gekachelt.

SONY

Die Masius-Villa

Noch an einem weiteren Umbauprojekt in Santa Monica hat Brian Murphy recht einfache bauliche Zusätze an einem Bungalow aus den 30er Jahren realisieren können. Das Objekt für den preisgekrönten TV-Autor und Produzenten John Masius wurde 1985 fertiggestellt.

Die Verbesserungen umfaßten einen neuen Swimming-pool im Hintergarten und einige kosmetische Aktivitäten im Inneren des Hauses, von denen die beeindruckendste sicherlich das in Sandsäcke eingepackte Fernsehgerät darstellt. Murphy ergriff außerdem die Gelegenheit, jenem architektonischen Element, das Innendekorateuren und Postmodernisten gleichermaßen so ans Herz gewachsen ist, einen neuen ›Dreh‹ zu verleihen: der Säule.

Diese verputzte, in sich gedrehte Säule ist ein typisch Murphyscher Kunstgriff, um den über dem Garagenstellplatz thronenden Balkon zu stützen.

In John Masius' Wohnraum, der von Murphy entworfen wurde, demonstrieren das in Sandsäcke eingepackte Fernsehgerät sowie ein großer rosafarbener Saguaro-Kaktus und ein Druck des angelinischen Künstlers Laddie John Dill ein friedliches Nebeneinander.

Der Straße wendet dieser Gehry-Anbau eines 50er-Jahre-Hauses seine diskrete Fassade zu. Ein schlichtes Rechteck aus Sperrholz mit einem zentralen Fenster setzt einen markanten Akzent über der Garage.

Der Weisman-Anbau

Frank Gehrys Anbau für das Heim von Marica Weisman in Beverly Hills wurde 1985 abgeschlossen. Das eingeschossige, architektonisch einfache Gebäude beherbergt ihre exzellente Kunstsammlung, von der einige Skulpturen auch um den Swimming-pool hinter dem Haus aufgestellt sind. Der Anbau sitzt rittlings auf der einen Seite des Flachdaches; der Straße wendet er seine diskrete sperrholzverkleidete Rechteck-Fassade zu.

Auf der Rückseite des Hauses jedoch setzt sich der Anbau, dessen Inneres als Gästehaus und Büro genutzt wird, dann in Szene: Ein großer Raum öffnet sich hinunter auf den Skulpturengarten. Der dekorative Anblick des Gebäudes wird durch eine klug durchdachte Dachkonstruktion noch erhöht, die über dem Fensterbereich einen rechteckigen Ausschnitt aufweist. Der Innenraum scheint an dieser Stelle in Erwartung des Aufeinandertreffens von Außen und Innen regelrecht ›aus den Fugen‹ geraten zu sein.

Das Äußere ist in galvanisiertes Metall gekleidet. Das weit vorragende Dach, das von baumähnlichen Pfeilern mit abgewinkelten ›Ästen‹ gestützt wird, wölbt sich schützend über einem kleinen Balkon. Die kurvenreiche Treppe scheint sich in Hals-über-Kopf-Manier um einen riesigen Fikusbaum zu winden. Dieser Anbau, der einer ganz neuen Form von Eleganz und Formenstrenge in Gehrys Wohnarchitektur entspringt, dient seiner Umgebung als Ruhepol und Kraftpunkt zugleich.

Mit galvanisiertem Metall verkleidet, scheint der Anbau wirkungsvoll über dem Skulpturenpark zu schweben. Ein weit vorragendes Dach wird von einem baumähnlichen Arrangement aus Stützen gehalten.

Das große Gästezimmer blickt über den Skulpturenpark und führt auf einen Balkon hinaus. Die Deckenausschnitte innen an der Glaswand antizipieren und dramatisieren den räumlichen Wechsel zwischen Draußen und Drinnen.

Eine Treppenstiege aus galvanisiertem Metall, die sich Hals-über-Kopf in den Garten zu winden scheint, endet neben einem beeindruckenden Fikusbaum. Die große Skulptur ist ein Stabile von Calder.

NACHWORT

Los Angeles hat das Schicksal, ewig mit New York verglichen zu werden, wie ein Kind mit seinem älteren, talentierteren Bruder. Warum macht es nicht alles richtig, so wie sein älterer Bruder? Warum hält es sich nicht an die Spielregeln? Aber es ist natürlich kein Geheimnis, daß das Kind, das schon immer seinen eigenen Weg gegangen ist, der kreativere Erwachsene sein wird, und genau das ist der Fall mit Los Angeles. In dieser Dekade hat es sich als künstlerisches Zentrum etabliert, und sein Potential an kreativen Energien scheint unbegrenzt zu sein. Die Architektur, die zur Zeit in Los Angeles produziert wird, ist so erfrischend und bedeutend, wie kaum sonst etwas, das auf diesem Gebiet in den Vereinigten Staaten unternommen wird, und zudem ist es eine notwendige Ergänzung zu den an der Ostküste produzierten Arbeiten, die sich der größeren Publizität erfreuen.

Man ist versucht, über diese Art von Architektur eher emotional zu debattieren, als sie vom wissenschaftlichen Standpunkt der Kunstgeschichte aus zu diskutieren, denn zweifellos ist es die Sensibilität – nicht ein etwaiges höheres architektonisches Können –, die den wesentlichen Unterschied zwischen der jetzigen Generation südkalifornischer Architekten und deren Kollegen von der Ostküste ausmacht. Es scheint, als seien sich die Angeliner weniger ihres Tuns bewußt, als hielten sie sich für nicht ganz so bedeutend, – und vor allem – als gäbe es hier weniger feste Regeln, nach denen unweigerlich gebaut werden muß. Deshalb ist es angemessen, von der hier produzierten Architektur als Freestyle zu sprechen. Zwar mangelt es dieser Architektur in den Händen ihrer besten Produzenten nicht an Disziplin, aber es ist eine selbstauferlegte, keine von oben erlassene Disziplin. Der typische angelinische Architekt fühlt sich frei zu tun, was ihm gefällt, und das heißt insbesondere, eine Architektur hervorzubringen, die zutiefst sinnlich ist.

Das soll jedoch nicht bedeuten, daß Südkalifornien für einen grell naturalistischen, nicht weiter reflektierten Geniekult stände. Auf keinen Fall repräsentiert diese Architektur einen wie auch immer zu verstehenden ›natürlichen Zustand‹ des Menschen, im Gegenteil, sie ist ein geradeso durchdachter Kommentar über unsere Zivilisation wie alles, was im Osten produziert werden mag. Doch wenn auch die neue Architektur in Los Angeles nicht ganz so zufällig und lässig ist, wie uns ihre Väter gerne weismachen wollen, so ist doch die Art der ihr zugrundeliegenden Reflexion eine ganz andere als die der Ostküsten-Architektur. Seien es nun Möbel, Innenräume oder ganze Häuser, sie alle vermitteln das Gefühl, daß es hier weniger ›Vorschriften‹ gibt, wie etwas ›richtig‹ oder ›falsch‹ zu gestalten wäre. Es herrscht zumindest nicht die Auffassung, daß es eine die Architektur beherrschende Etikette geben sollte.

Ich spreche hier von Etikette im formalen, nicht im soziologischen Sinne; mit ›Höflichkeit‹ hat das nichts zu tun, eher schon mit einer Art von Freiheit des Geistes. An der Ostküste sorgt diese ›Etikette‹ in der Architektur für eine gewisse Beschränkung, auf alle Fälle jedoch für gedämpfte Emotionen. In Los Angeles bedeutet dies, daß sich neben aller Form eine gewisse hemdsärmelige Aufrichtigkeit durchgesetzt hat. So kann es dazu kommen, daß sich eine gelbe und eine rosa Wand in demselben Raum befinden, daß ein Hausdach wie eine sich öffnende Blüte aussieht oder daß ein Haus auch nach seiner Fertigstellung noch den ›rohen‹ Anblick seines Bauprozesses verrät.

Ist diese Aufrichtigkeit um ihrer selbst willen ein gleichsam architektonisches Äquivalent zu der ›Offenheit‹ eines Gastes, der beim Abendessen die Wahrheit sagt, aber das auf eine ungeschliffen laute Art? Kurzfristig mag das vielleicht so erschienen sein, als Frank Gehry 1978 sein eigenes Haus in Santa Monica fertigstellte – jenes ursprünglich ganz normale vorstädtische Haus im holländischen Kolonialstil, das auf so explosive Weise abgerissen und umgebaut wurde; heute stellt es eine Art Ikone für eine ganze Generation junger Kalifornier dar. Zunächst war dieses Haus in den Augen seiner Nachbarn lediglich ein unerhörter Affront; es schien der lebende Beweis dafür, daß Architektur nicht mehr länger als Ausdruck eines gesellschaftlichen Zusammenhangs oder gesellschaftlicher Werte in der zeitgenössischen Kultur von Südkalifornien zu verstehen sei. Doch nun, da sich das Gehry-Haus in seiner bürgerlichen Umgebung in gewisser Weise ›eingelebt‹ hat (wenn auch noch etwas zaghaft), ist dieser Schluß offenbar nicht mehr angemessen. Wie sehr sich die Gemüter vor sieben oder acht Jahren auch an diesem Gebäude erregt haben mögen, heute wird sein Status als außerordentliches Kunstwerk nicht länger bestritten. Es ist wahrscheinlich das bedeutendste Einfamilienhaus, das seit Robert Venturis 1962 für seine Mutter in Chestnut Hill, Philadelphia, geschaffenem Haus in diesem Lande gebaut worden ist. Und mit Sicherheit besitzt es für die Westküste dieselbe ikonographische Bedeutung, die Venturis Haus für den Osten beanspruchen kann.

Das Gehry-Haus hat einige recht wörtlich zitierende Nachfolger gefunden, beispielsweise jenen von Elyse Grinstein und Jeffrey Daniels errichteten Umbau eines großen Hauses im spanischen Kolonialstil in Brentwood. Es handelt sich hier wohl eher um einen pflichtschuldigen Ehrenerweis an Gehry als um ein eigenständiges Werk, auch wenn das Haus eine sehr gelungene Außentreppe aufweisen kann. Was die Ausschöpfung der Materialien, das Verhältnis von Altem und Neuem sowie die Kontrastierung von konventionellen, kulturell akzeptierten Formen mit baulichen Abstraktionen betrifft, führt es in keiner Hinsicht über Gehrys Ergebnisse hinaus.

Von daher wird man mit größerer Spannung und Erwartung auf die Werke von Architekten und Designern wie Eric Owen Moss, Thom Mayne und Michael Rotondi von der Firma Morphosis, Frederick Fisher, Peter Shire und Brian Murphy blicken. Ihnen – und natürlich Gehry selbst, dessen jüngere Arbeiten auch weiterhin uneingeschränkt seine energische Kreativität und seine Position als einer der bedeutendsten Architekten unseres Zeitalters beweisen – ist das Hauptinteresse dieses Buches gewidmet, denn sie scheinen am besten jene charakteristische Mischung aus Vergangenheitsliebe und Indifferenz gegenüber den traditionellen Spielregeln zu verkörpern, die die Architektur des Freestyle in Los Angeles auszeichnet.

Wenn ich sie an dieser Stelle in einer ›Gruppe‹ vorstelle, bin ich mir immer der Tatsache bewußt, daß es unter ihnen mindestens ebensoviele Trennungs- wie Verbindungslinien gibt; doch ihre Arbeiten sprudeln über vor Energie und Sinnlichkeit, und das macht sie so besonders ›typisch‹ für Los

Angeles. Möglicherweise ist die Energie das auffälligste an dieser Bewegung, das Gefühl, daß all diese Entwürfe, seien es nun Innenräume oder ganze Gebäude, unter Hochspannung stehen. Der Versuch, die Architektur sinnlicher zu gestalten, ist keine spezifisch südkalifornische Erfindung, er ist ebenso in den postmodernistischen Impulsen der Ostküste zu entdecken; die Kombination von Sinnlichkeit und explosiver Energie jedoch ist ganz und gar ein Verdienst Kaliforniens. In vielen dieser Werke trifft uns so etwas wie ein elektrischer Schlag, von den üppigen Farben des Peter Shire (oder auch in den eher gedämpften Tönen einer Tina Beebe und eines Buzz Yudell) bis hin zu den sprühenden Kompositionen von Brian Murphy.

Murphys Werk ist besonders spannend. Er arbeitet oft mit ganz präzise arrangierten, scharfkantigen Objekten aus der industriellen Fertigung, und die sind mit einer Sorgfalt positioniert, die an das Mobiliar aus einem Raum von Mies van der Rohe denken läßt. Die Komposition ist dabei modernistisch, die Objekte selbst sind jedoch oft ›ausgeflippt‹ roh, ja sogar primitiv, die Oberflächengestaltung und die Bauglieder gewöhnlich, aus der Massenproduktion stammend. So wird ein Raum zu einem Kommentar über die Alltäglichkeit, über die Objekte der Massenherstellung, ja über die modernistische Ästhetik als solche – die Kontrastierung bewirkt ganz bewußt die Erhöhung von Gegenständen des alltäglichen Lebens auf den Status des hohen Designs, und das alles vollzieht sich auf eine entspannte, ungezwungene Weise. Murphy schwelgt ganz offensichtlich mit Freude in der Welt dieser Merkwürdigkeiten, und sein Zugang ist sicherlich kein übertrieben intellektueller.

Ein Großteil von Murphys Werk zollt mit großem Nachdruck den 50er Jahren seinen Tribut, einer Dekade, deren Design noch vor ein paar Jahren zu Unrecht herabgewürdigt wurde, nun jedoch der Gefahr ausgesetzt ist, wie die Art deco schlicht überbewertet zu werden. Brian Murphy steht in dieser Hinsicht nicht allein. Das Erenberg-Haus zum Beispiel plündert ganz besonders heftig im Designfundus dieser Ära. Die 50er Jahre zu feiern bedeutet gleichzeitig, Los Angeles selbst zu feiern, denn diese Epoche verkörpert so ziemlich alles, was an dieser Stadt einst gehaßt und neuerdings so heiß geliebt wird. In den 50ern fand die Großstadt Los Angeles langsam zu ihrer eigenen Identität: Das Auto, die Schnellstraßen und die Architektur der Highway-Schleifen sind ihre Symbole. Es waren Jahre der ›Unschuld‹ für die Kultur im weiteren Sinne in dieser Stadt, und es herrschte die Gewißheit, daß Los Angeles wirklich das Paradies am Ende der amerikanischen Straße sei. In die 50er fällt aber auch die Kindheit der meisten obengenannten Architekten. Die These hat demnach einiges für sich, daß viele Freestyle-Architekten von Los Angeles durch ihre Bemühungen, die Identität ihrer Stadt zu erfassen, auf ihre eigenen Wurzeln zurückverwiesen worden sind.

Von diesen Bemühungen ist sicherlich auch im Werk eines Eric Owen Moss viel zu finden, und doch ist der Weg von Moss ein überaus eigenständiger. Manches bei ihm wirkt auf der einen Seite ›flach‹ und oberflächlich (das Haus Nummer 708 mit seinen riesigen Hausnummern, das Petal House mit den sich öffnenden Blütenblättern auf dem Dach), auf der anderen Seite jedoch auch wieder herzerfrischend und streng durchkomponiert. Diese Architektur ist weitaus reflektierter und verfeinerter, als es auf den ersten Blick erscheinen mag – in gewisser Weise kombiniert Moss das Einfühlungsvermögen von Frank Gehry mit demjenigen von Robert Venturi.

Ebenso reflektiert ist zweifellos auch das Werk von Morphosis, jener Firma, die von Thom Mayne und Michael Rotondi geführt wird und die einige der besten Arbeiten in Venice und in letzter Zeit auch im übrigen Stadtgebiet von Los Angeles realisiert hat. Das verrückte Element ist bei ihnen wesentlich kontrollierter, ihre Kompositionen sind traditioneller, ja sogar ›klassisch‹, wie es sich in dem lebhaften und doch straffen 2-4-6-8-Haus zeigt oder in dem etwas schwermütigeren Venice III. Diesmal wird Gehry nicht mit Venturi, sondern mit Aldo Rossi kombiniert und das Ergebnis ist ebenso originell wie bei Moss. In ihrem Lawrence-Haus in Hermosa Beach stellen Mayne und Rotondi ihre Fähigkeit unter Beweis, auf die Atmosphäre eines bestimmten Ortes entsprechend zu reagieren und sie zu unterstreichen, ohne sie wörtlich zu zitieren; in der konventionellen Mittelklasse-Gegend von Hermosa Beach ist diese Fähigkeit ebenso deutlich sichtbar wie im ›verrückten‹ Venice.

Einfühlungsvermögen für die unterschwelligen Schwingungen eines Ortes, das ist es wohl auch, was letztendlich alle die unterschiedlichen Design-Arbeiten in diesem Buch verbindet. In Wahrheit ist der Freestyle von L. A. nicht ganz so frei und ungebunden, wie er auf den ersten Blick vielleicht wirkt, denn diese Architektur wird durch Los Angeles selbst begrenzt und bestimmt; alle diese Designer und Architekten haben die erklärte Absicht, das, was sie für die essentiellen Wesensbestandteile von Los Angeles halten, zu respektieren. Natürlich sehen sie die Identität ihrer Stadt alle anders; es ist fast überflüssig zu betonen, daß Los Angeles wie alle anderen Großstädte von uns allen verschieden gedeutet sind. Doch über die verschiedenen Perspektiven hinweg ist es das Ziel jedes einzelnen der hier vorgestellten Designer und Architekten, diese Stadt auf ihre Weise zu deuten und schließlich zu ehren.

(P. G.)

Personenregister

Die kursiv gesetzten Seitenzahlen verweisen auf die Abbildungen.

Danksagungen

Seit ich 1977 nach Los Angeles gezogen bin, habe ich eine ganze Reihe seiner unkonventionellen Häuser und Interieurs dokumentieren dürfen – einige erscheinen auch in diesem Buch. Dies ist durch die Geduld der Architekten und Hausbesitzer ermöglicht worden, wofür ich ihnen an dieser Stelle meinen Dank aussprechen möchte.

Annie Kelly hat während des ganzen Projektes als meine inoffizielle Kritikerin gewirkt, so daß dieses Buch in hohem Maße von ihren Kenntnissen und ihrem Urteil profitieren konnte.

Die meisten Fotografien wurden von mir eigens für dieses Buch angefertigt; einige andere wurden von Fachzeitschriften in Auftrag gegeben, und in diesen Fällen gilt mein Dank den Herausgebern, Stylisten und künstlerischen Leitern, die sie initiierten oder bei ihrer Herstellung halfen, besonders Elizabeth Sverbeyeff, Rip Georges, Lloyd Ziff, Barbara Goldstein und Steven Wagner.

House & Garden erteilte freundlicherweise die Druckgenehmigung für einige Fotos, für die sie das Urheberrecht besitzen.

Dank auch an Elizabeth Whiting von Elizabeth Whiting & Co. in London, die viele dieser Fotografien an Zeitschriften um die ganze Welt verkauft hat, Dank ebenso für ihre jahrelange Unterstützung.

Für ihre Hilfe in der ersten Entstehungsphase dieses Buches möchte ich Frank und Berta Gehry danken.

Und zum Schluß mein ganz spezieller Dank an meinen Verleger Roy Finamore, weil er so ein tolles Projekt angenommen hat. – Tim Street-Porter

Design

J. C. Suarès
Diana M. Jones